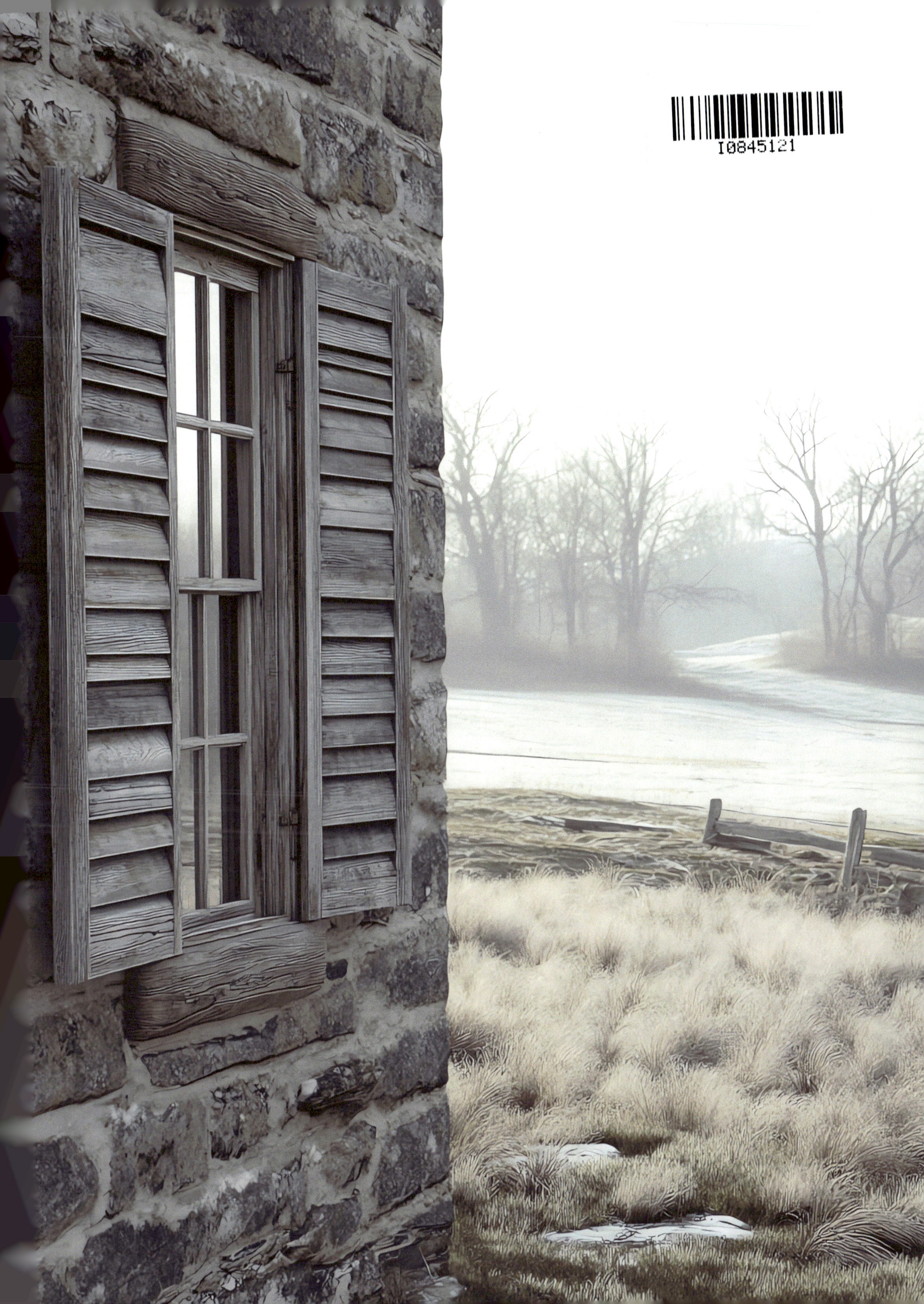
I0845121

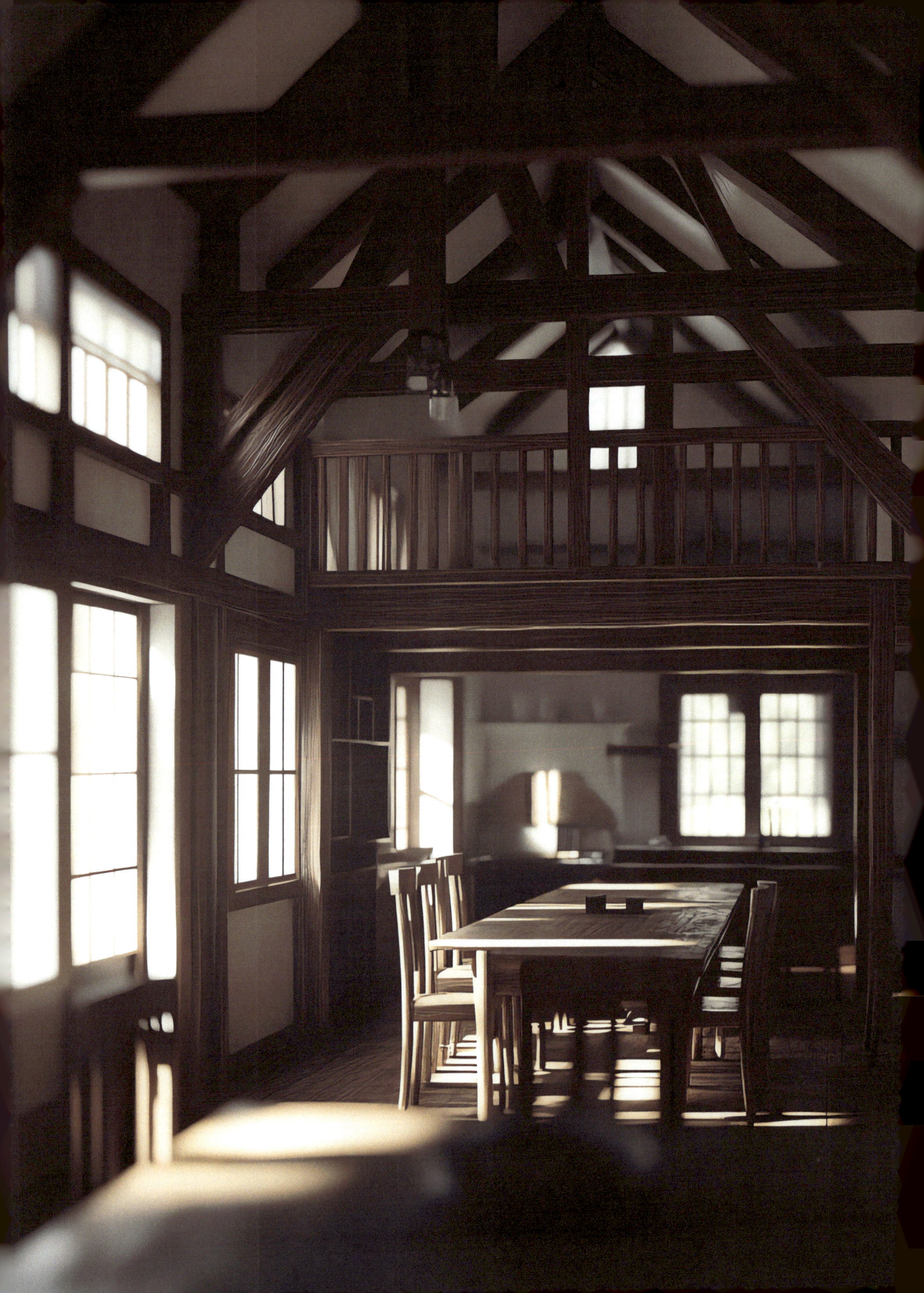

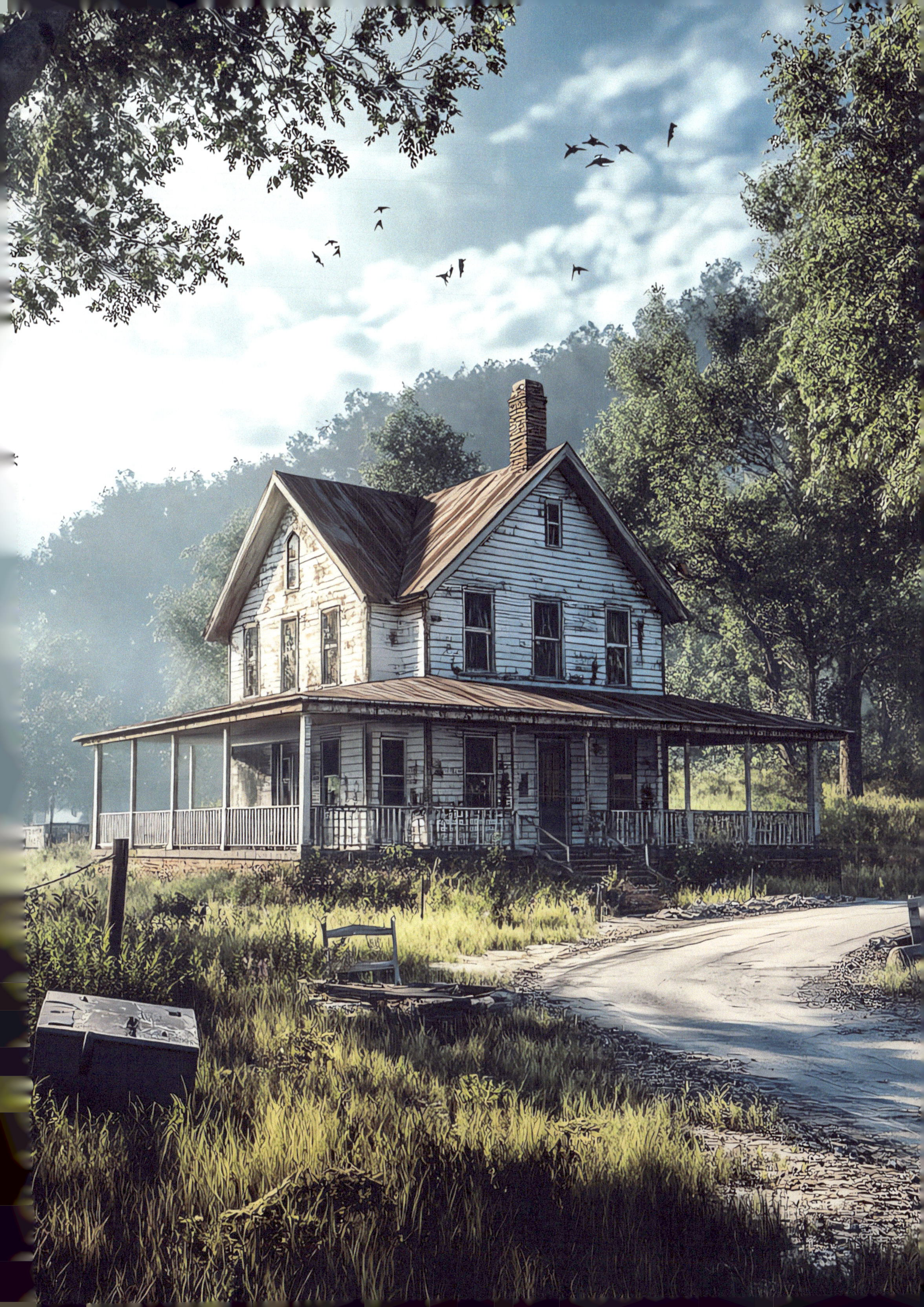

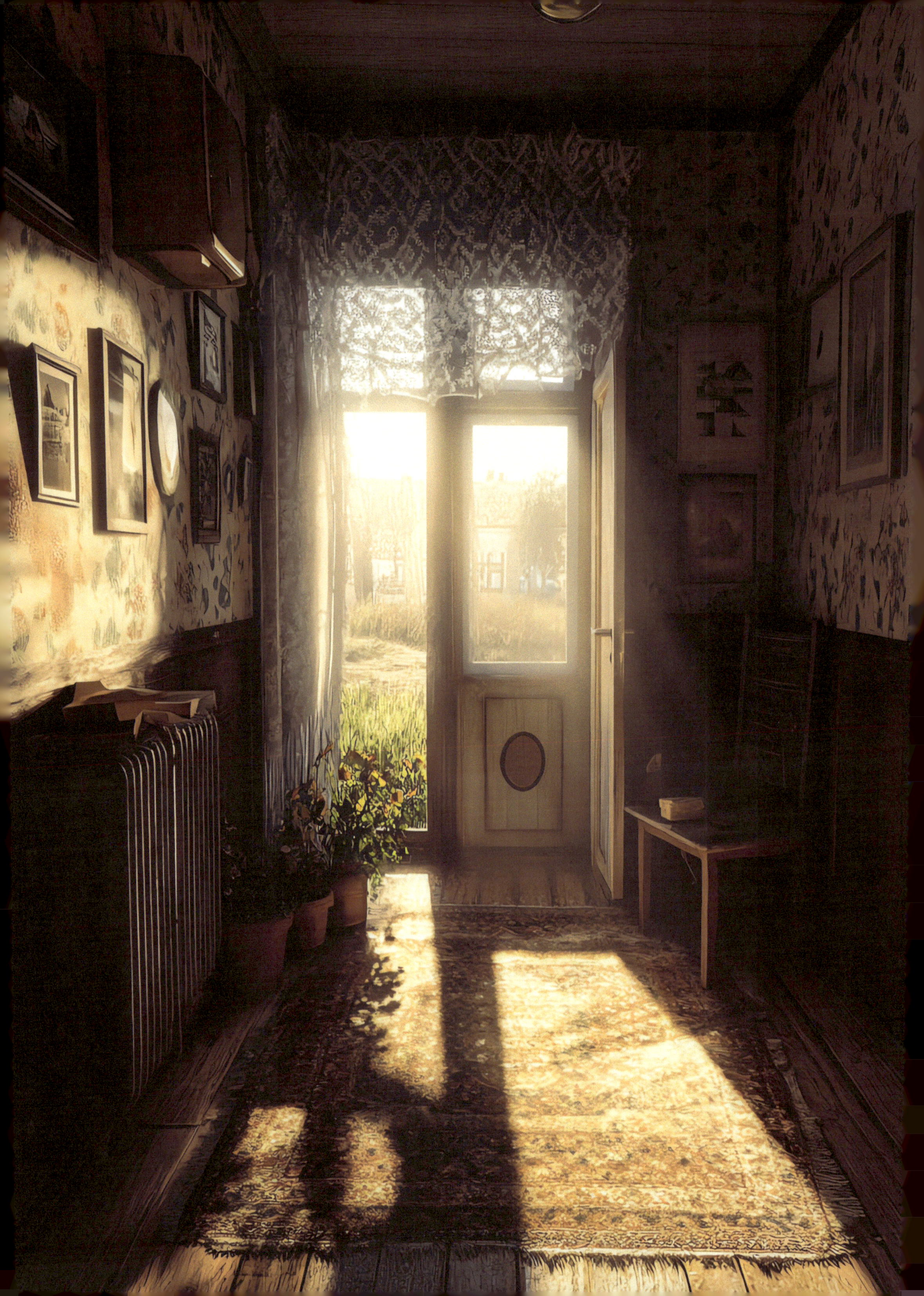

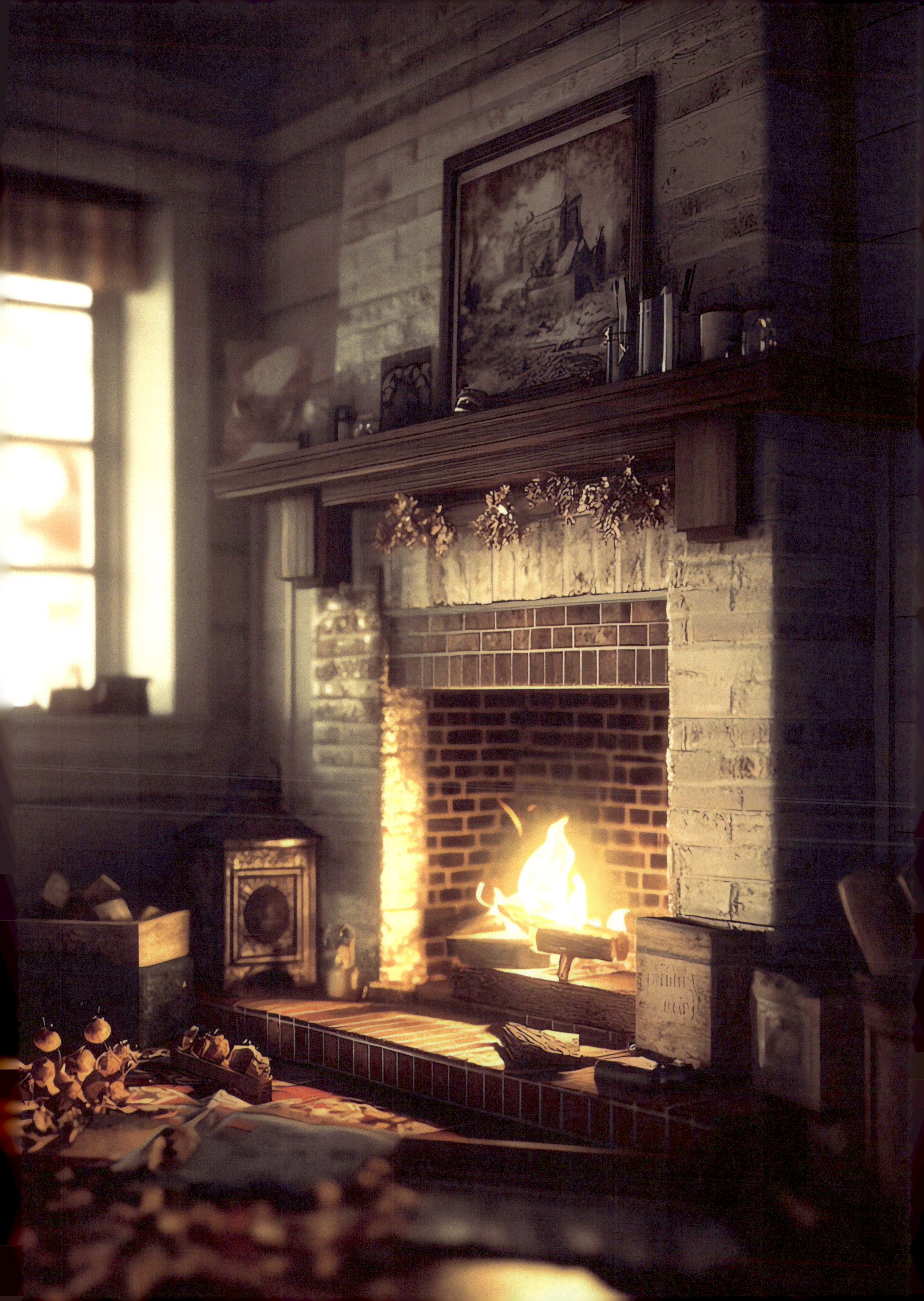

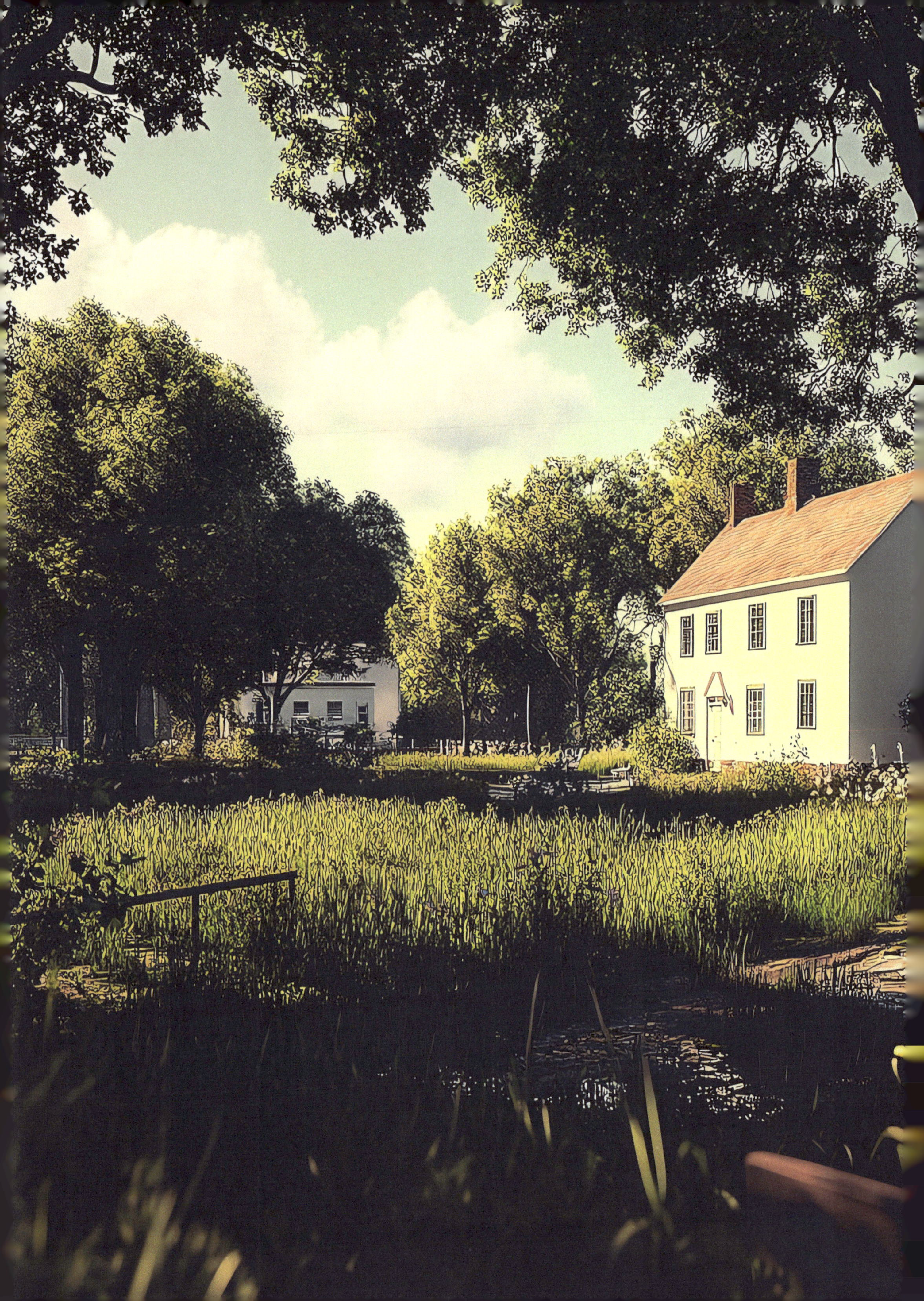

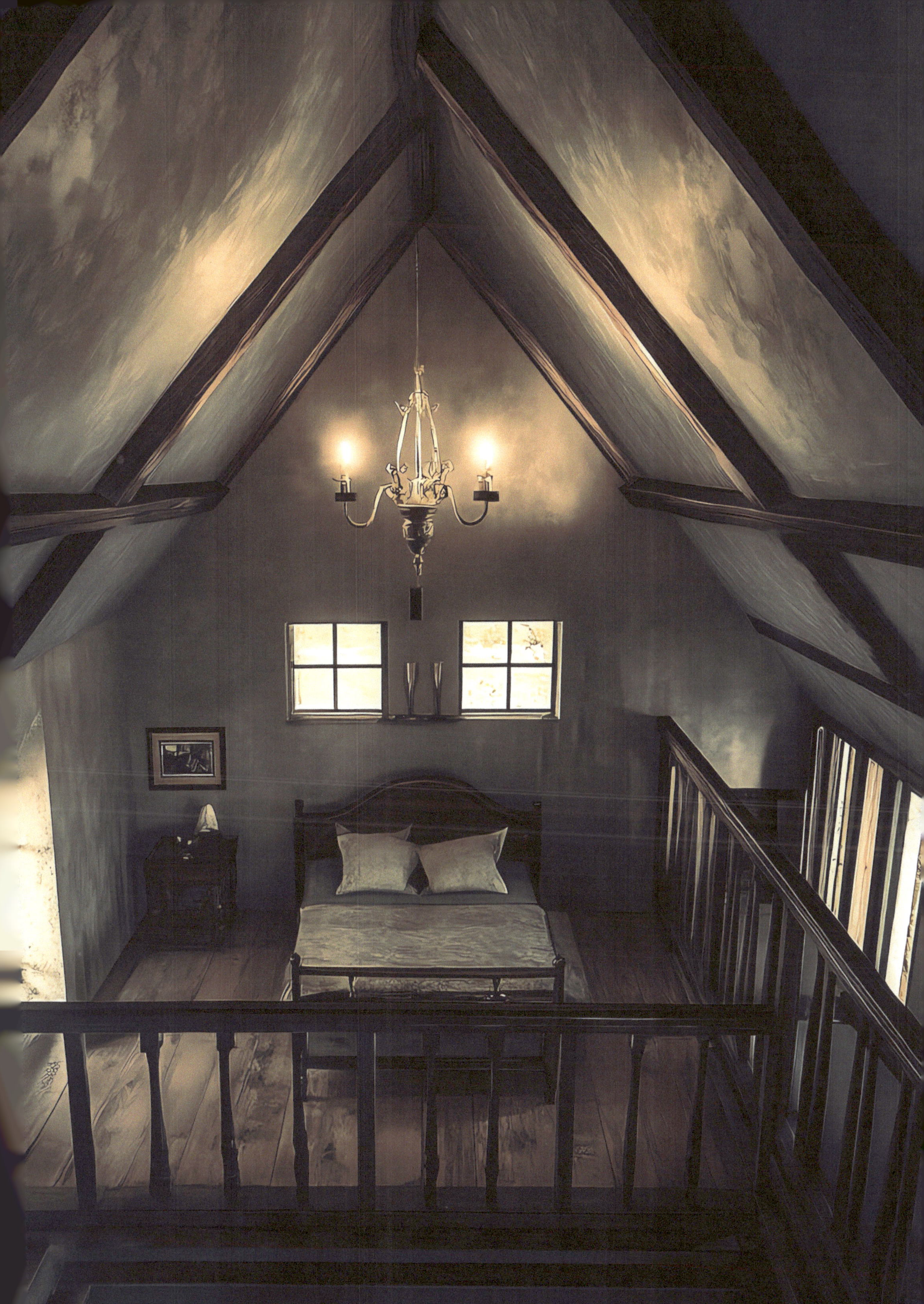

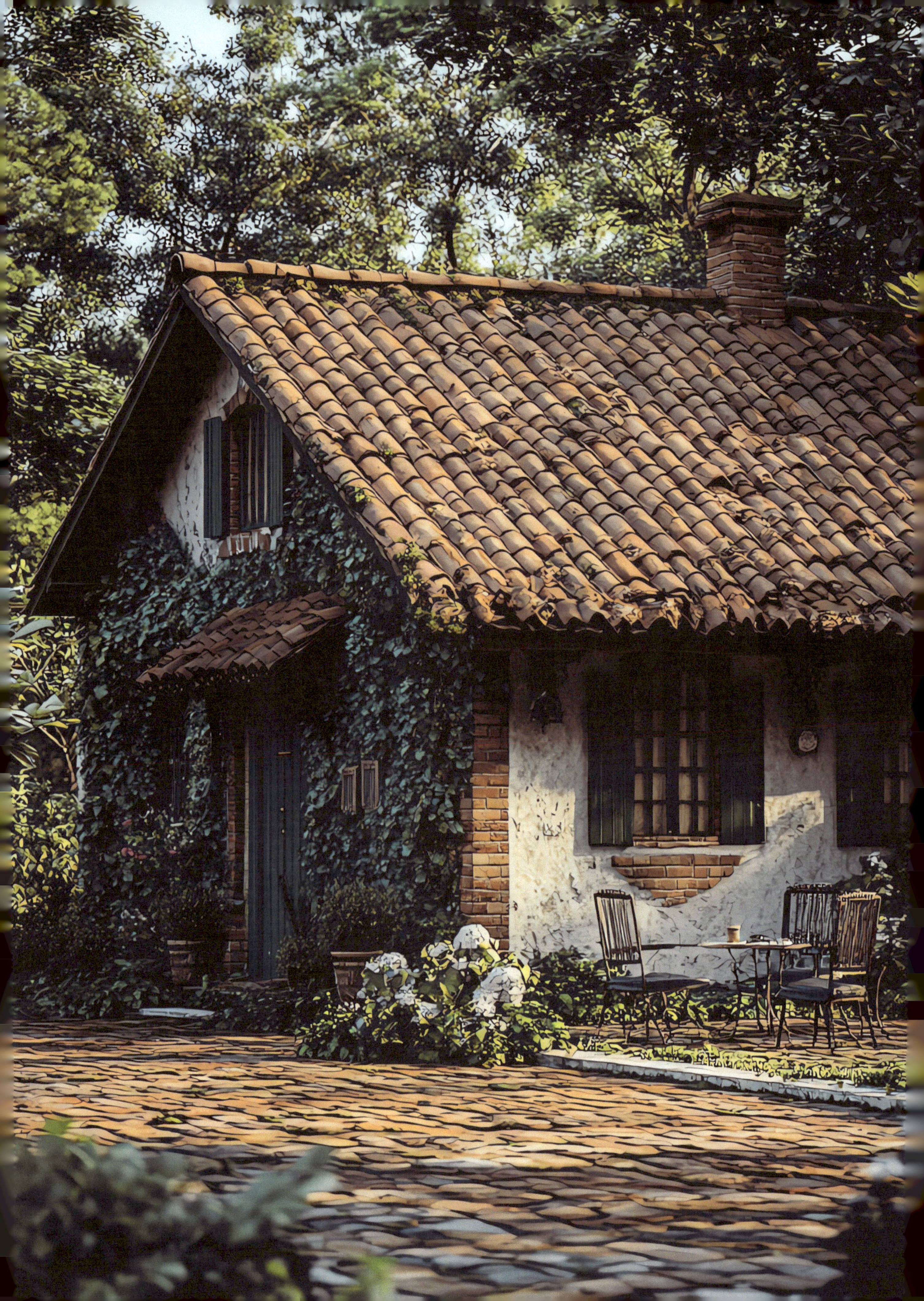

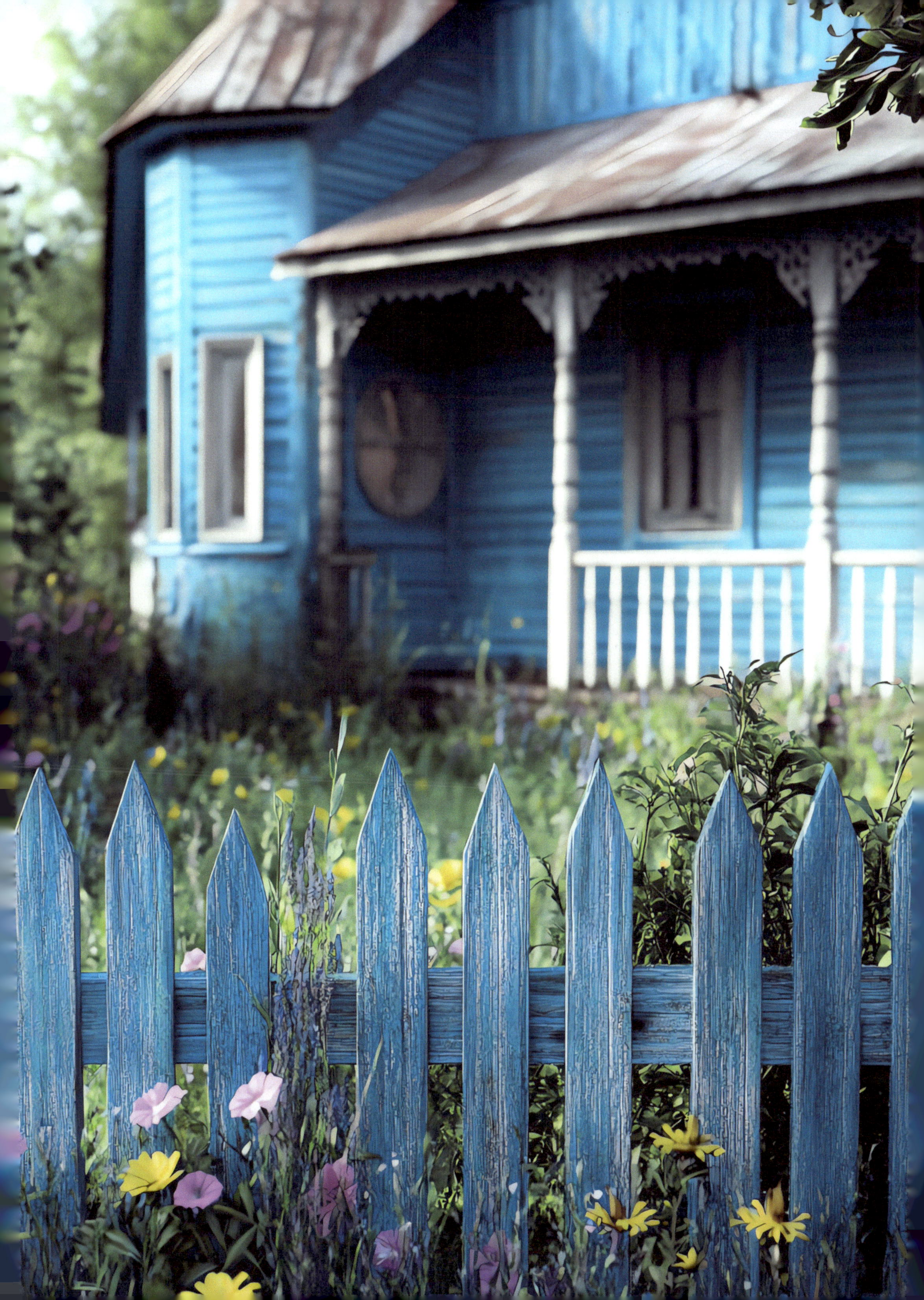

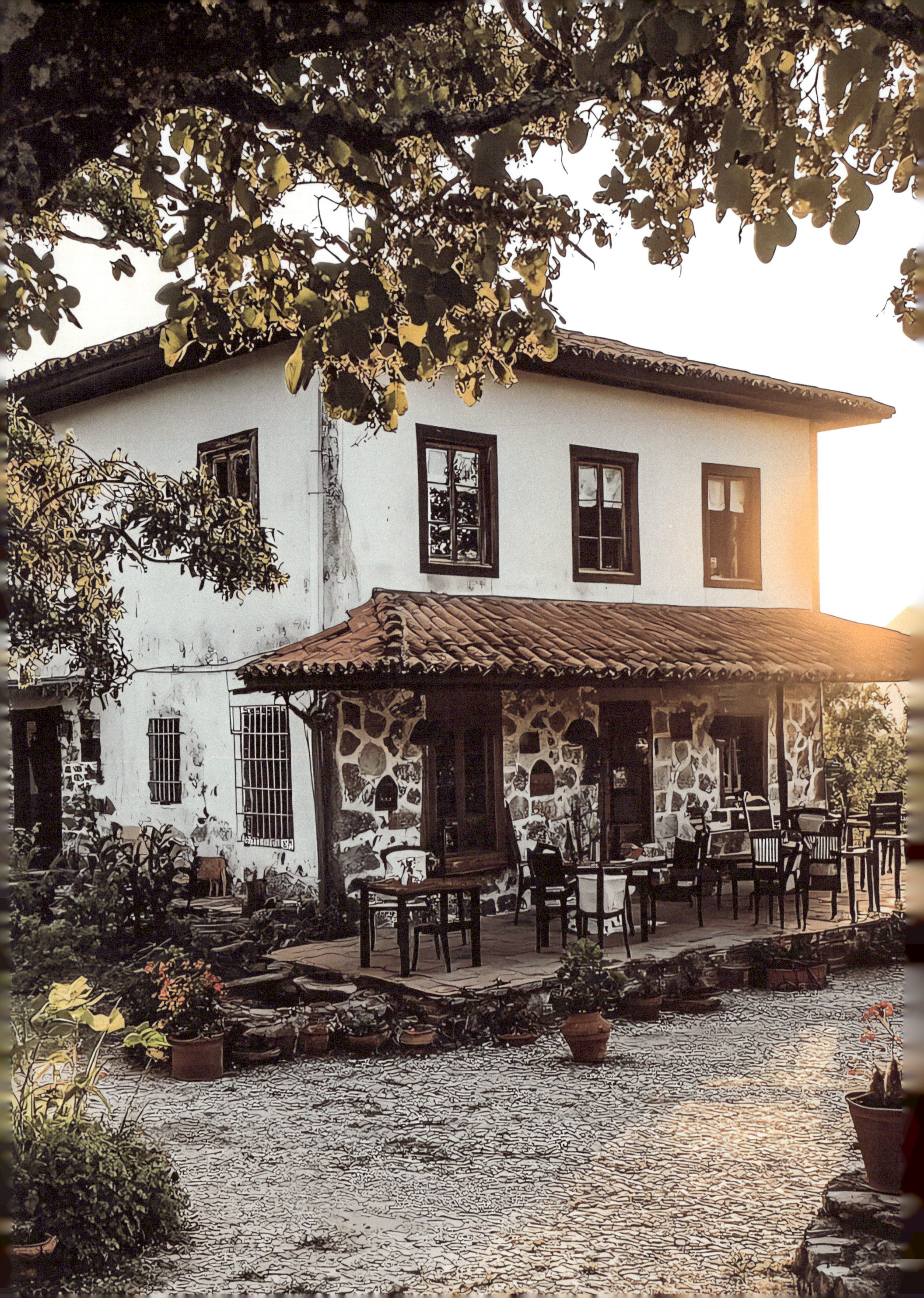

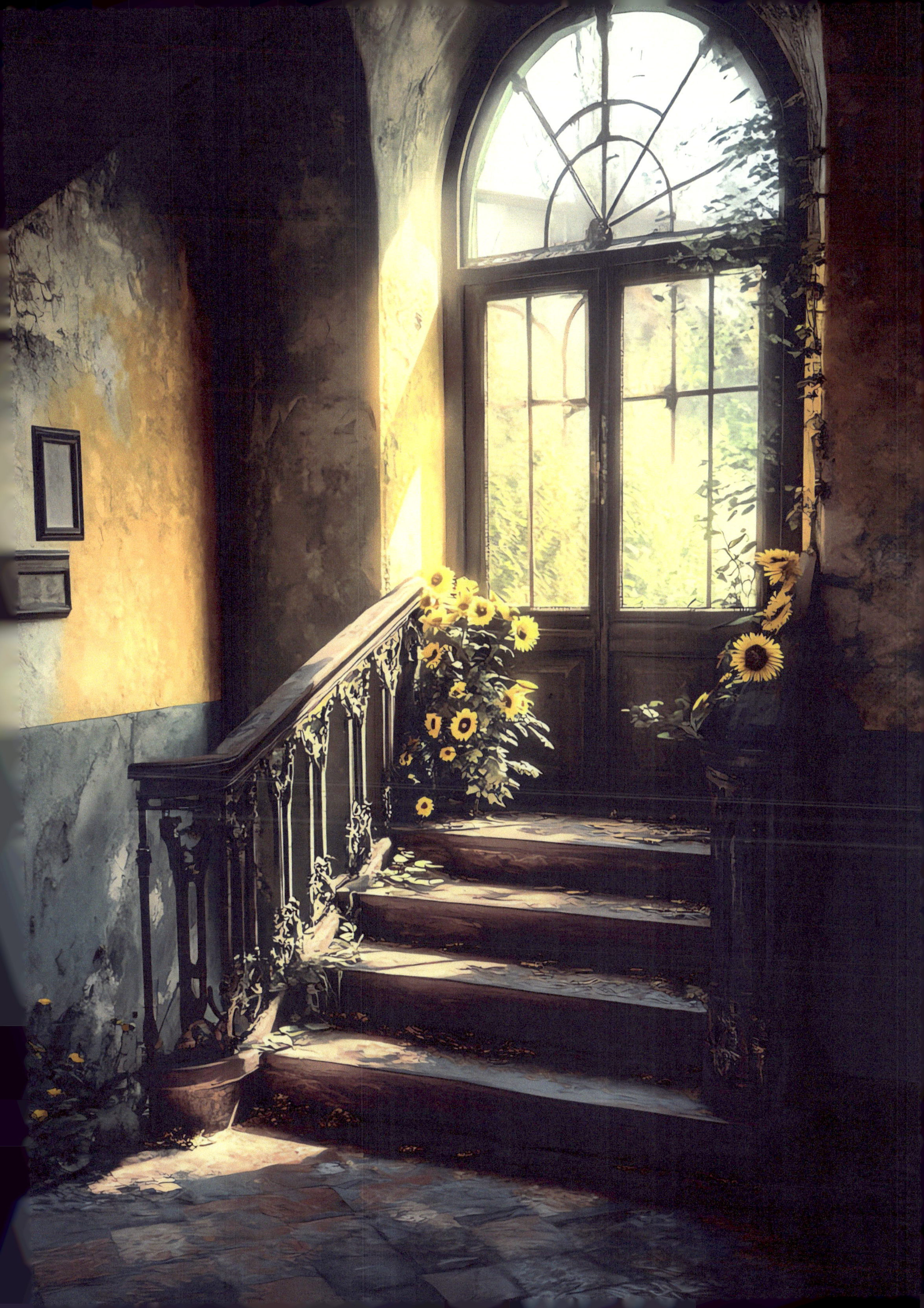

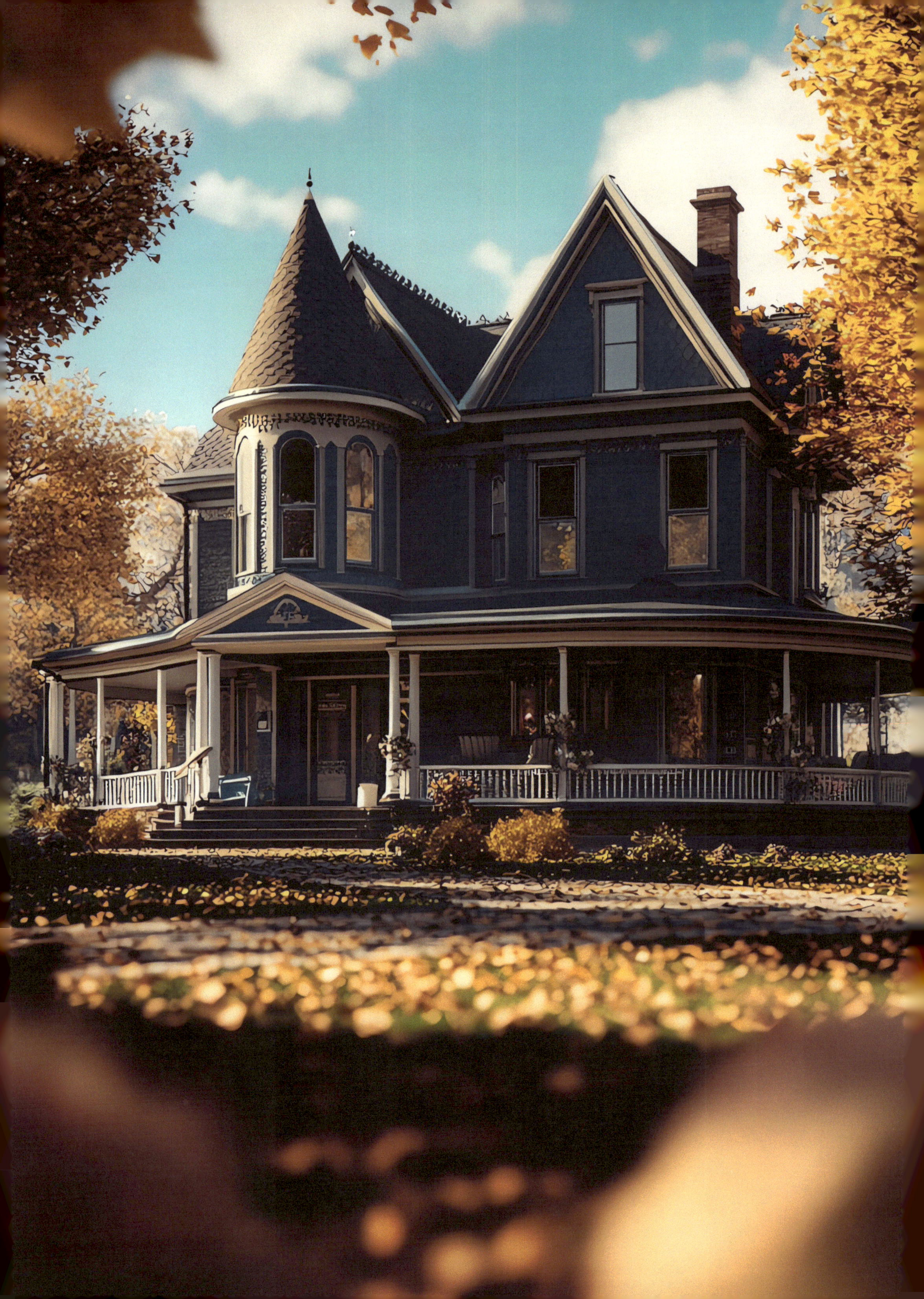

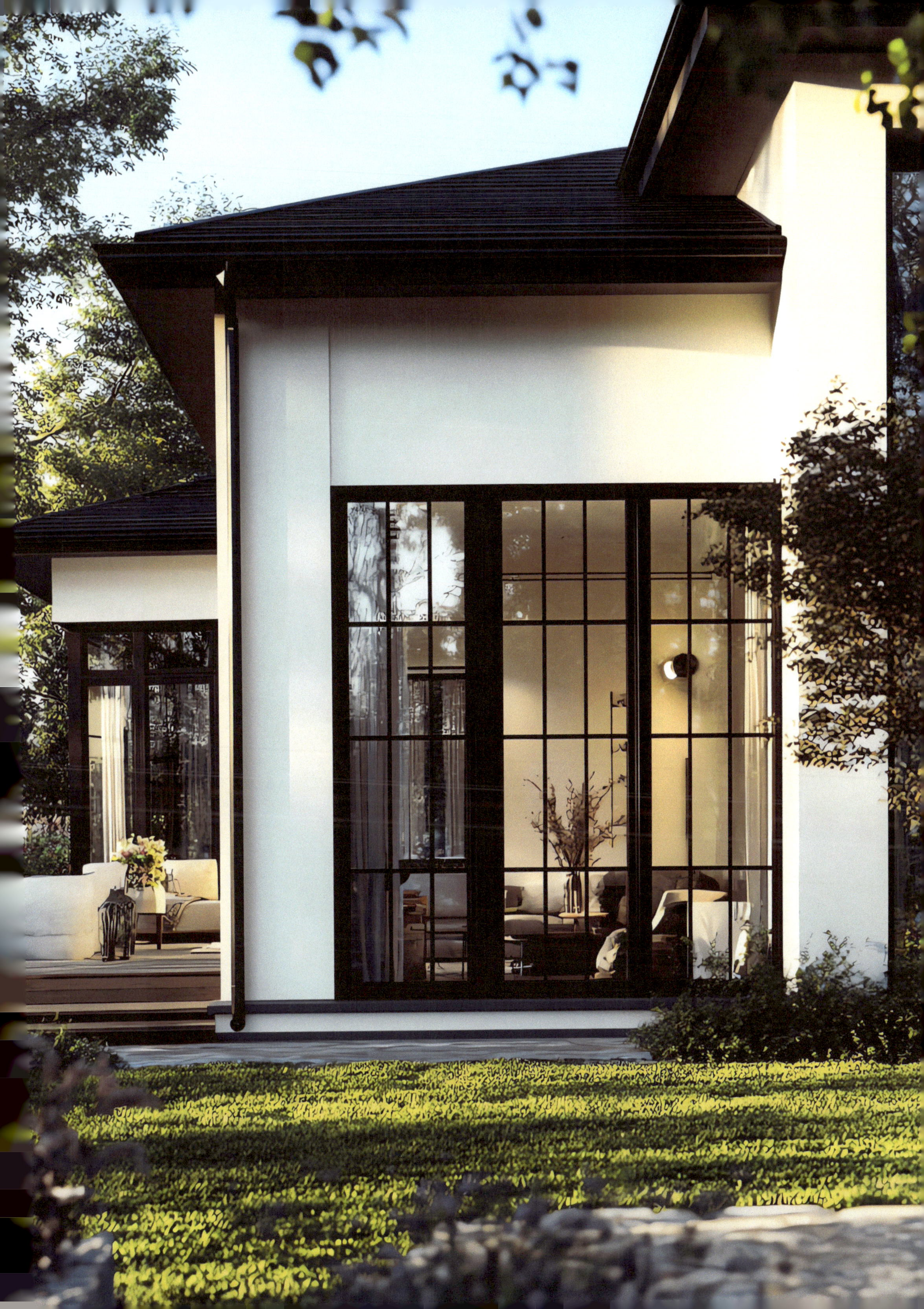

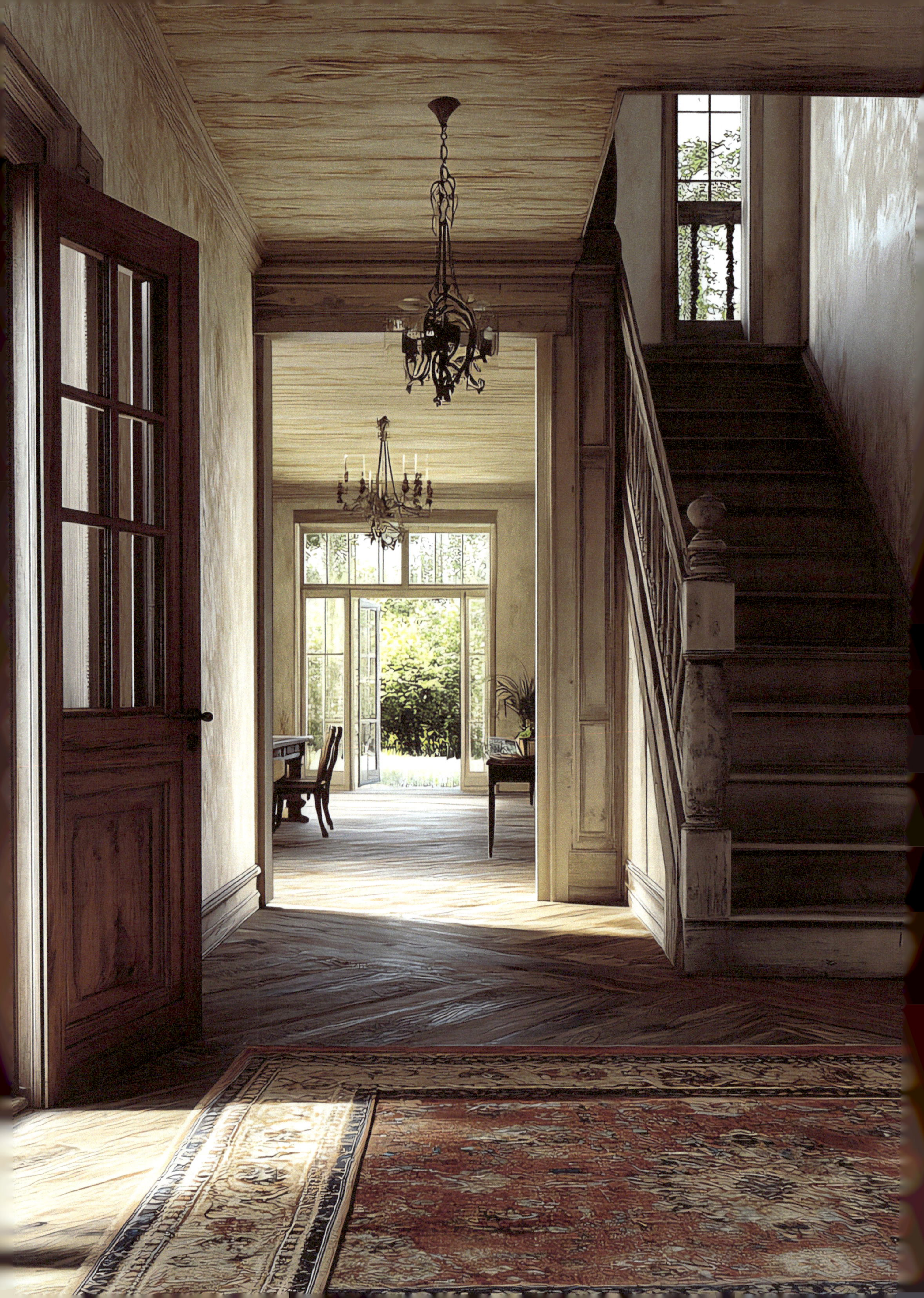

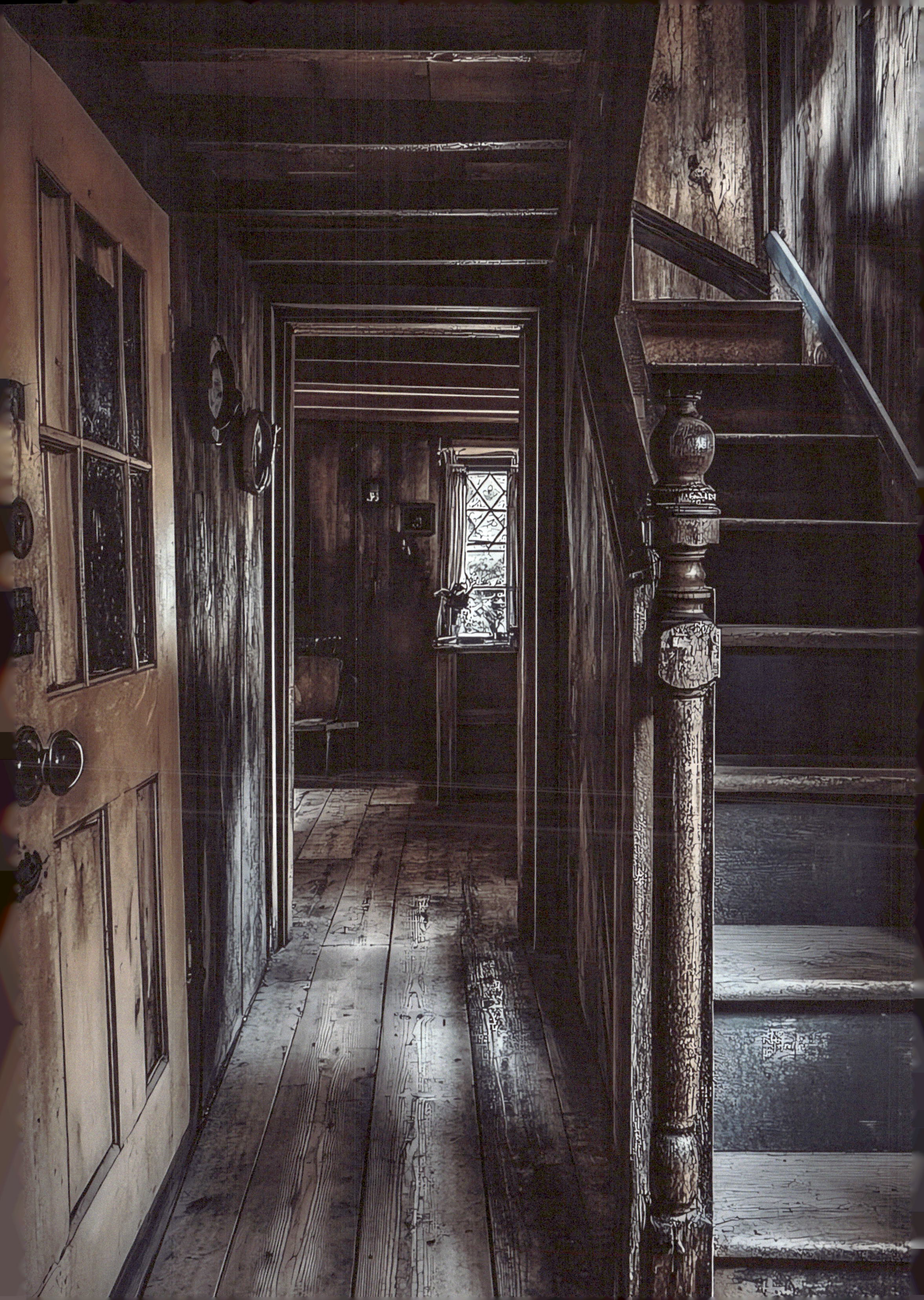

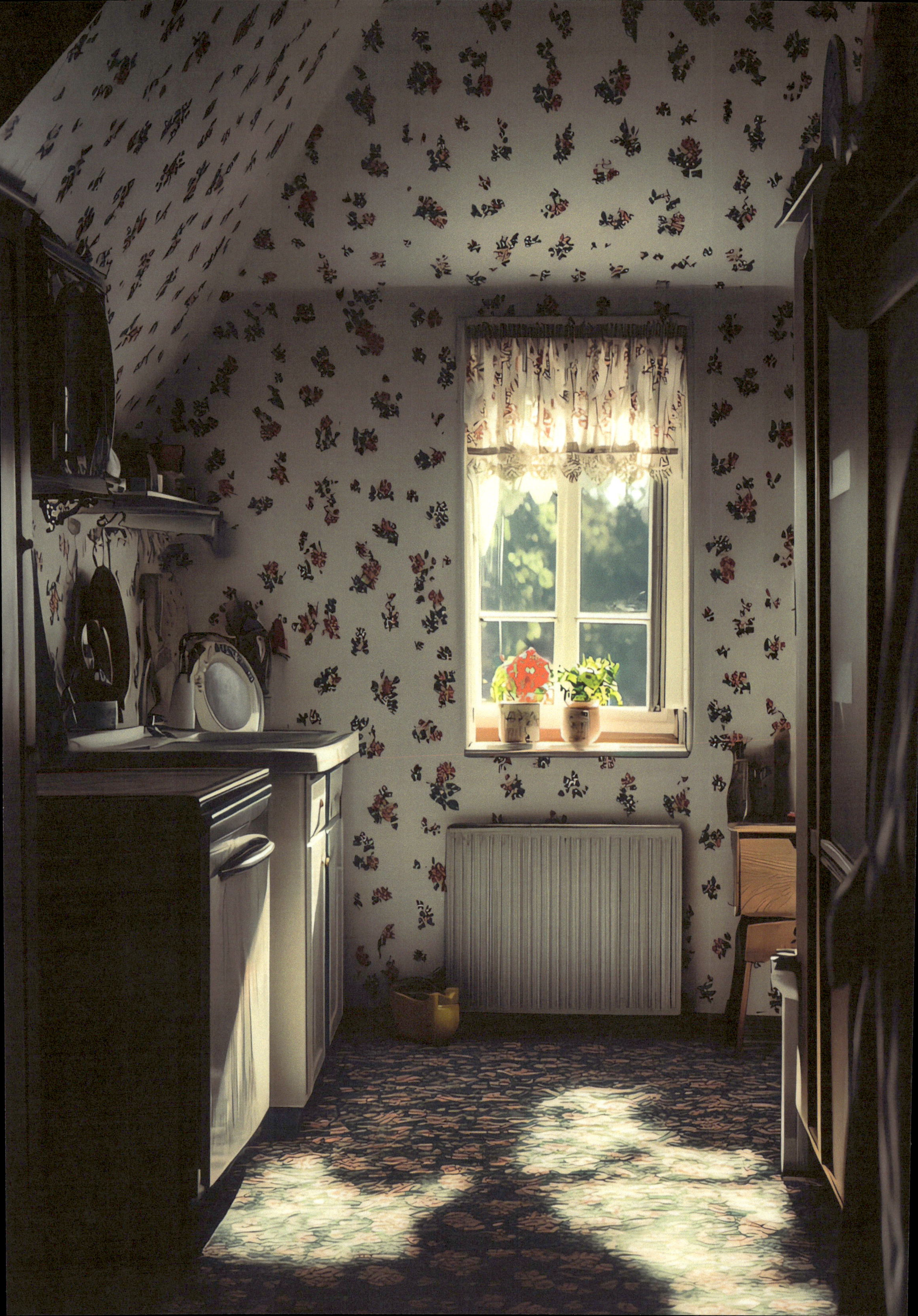

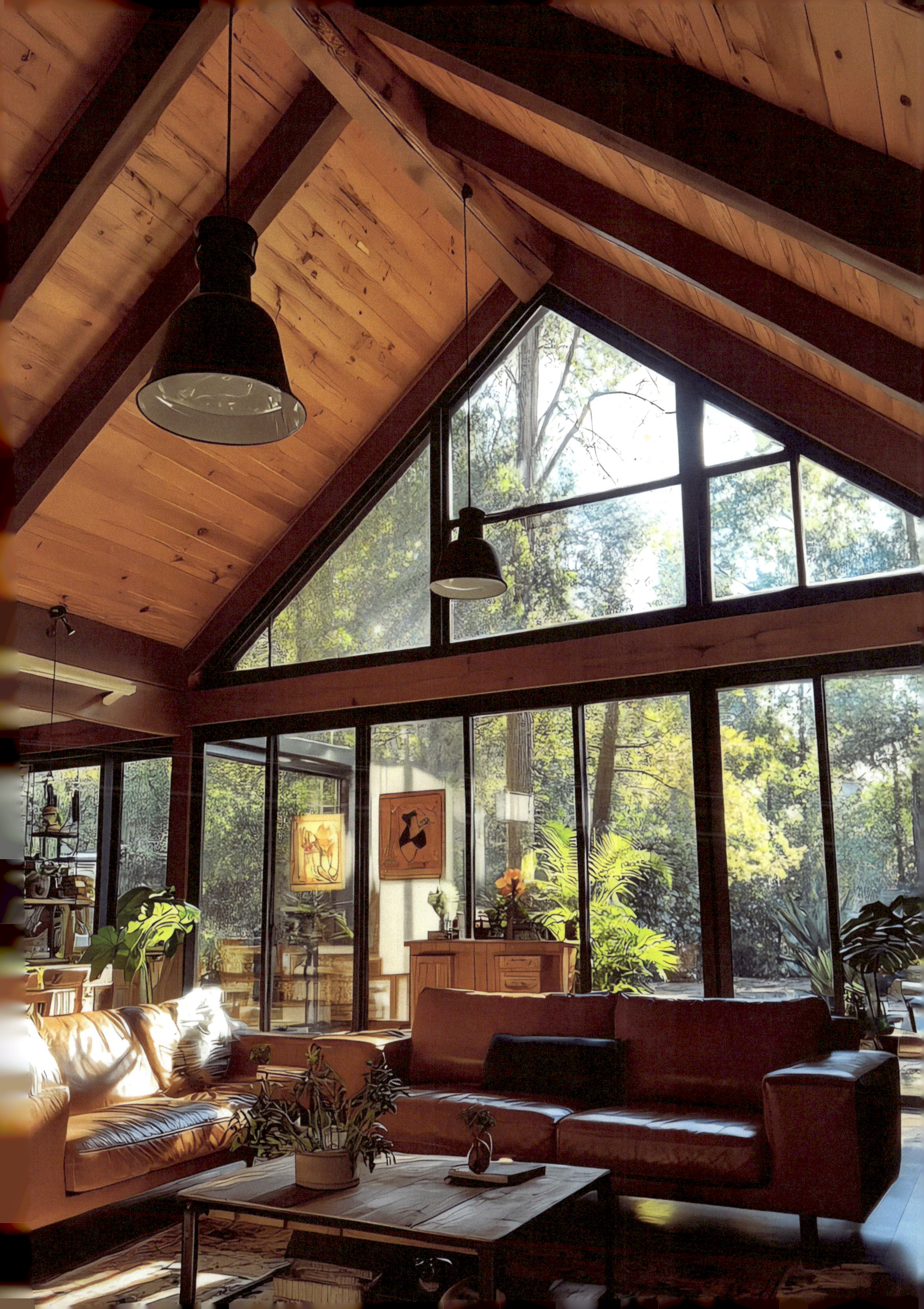

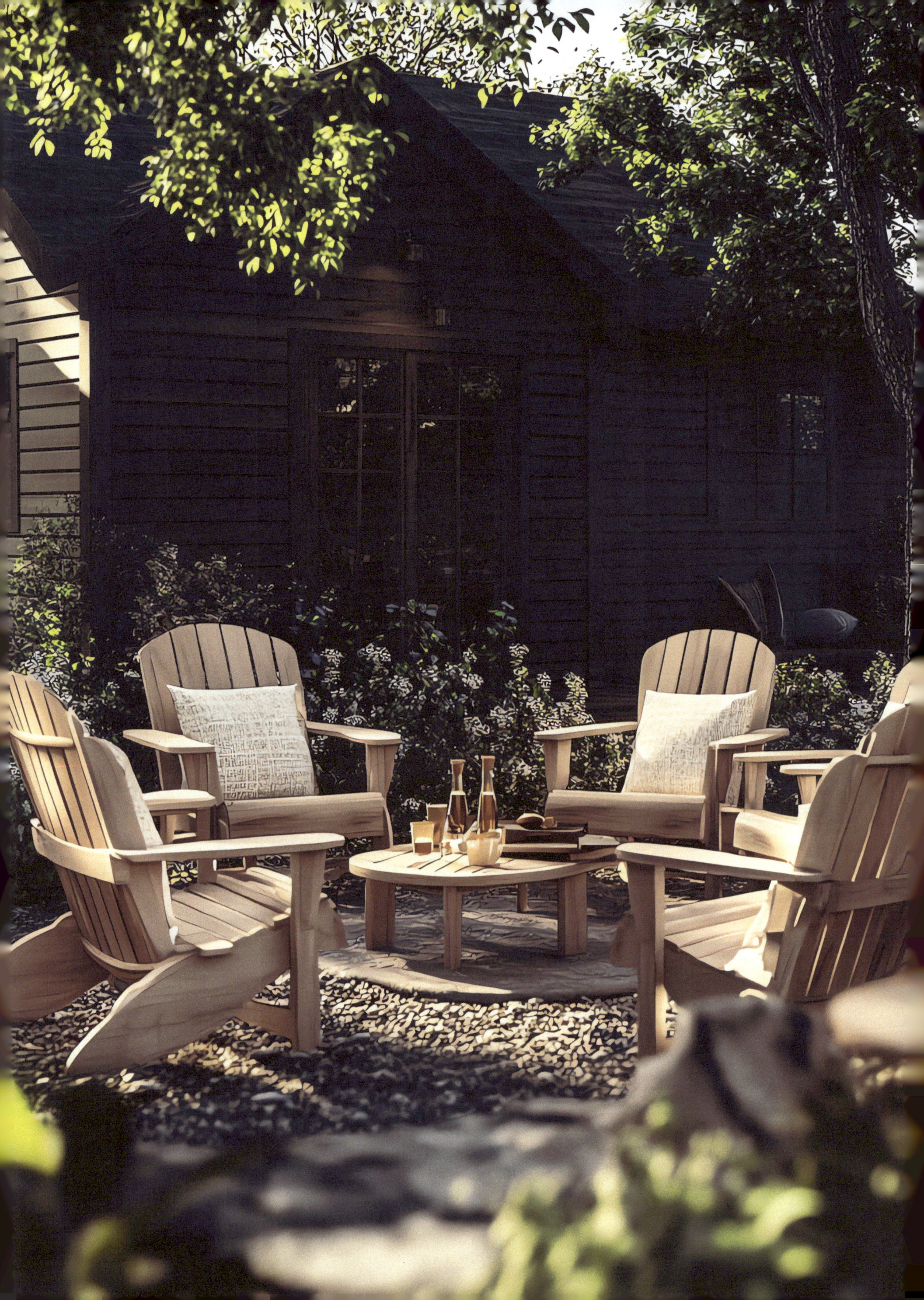

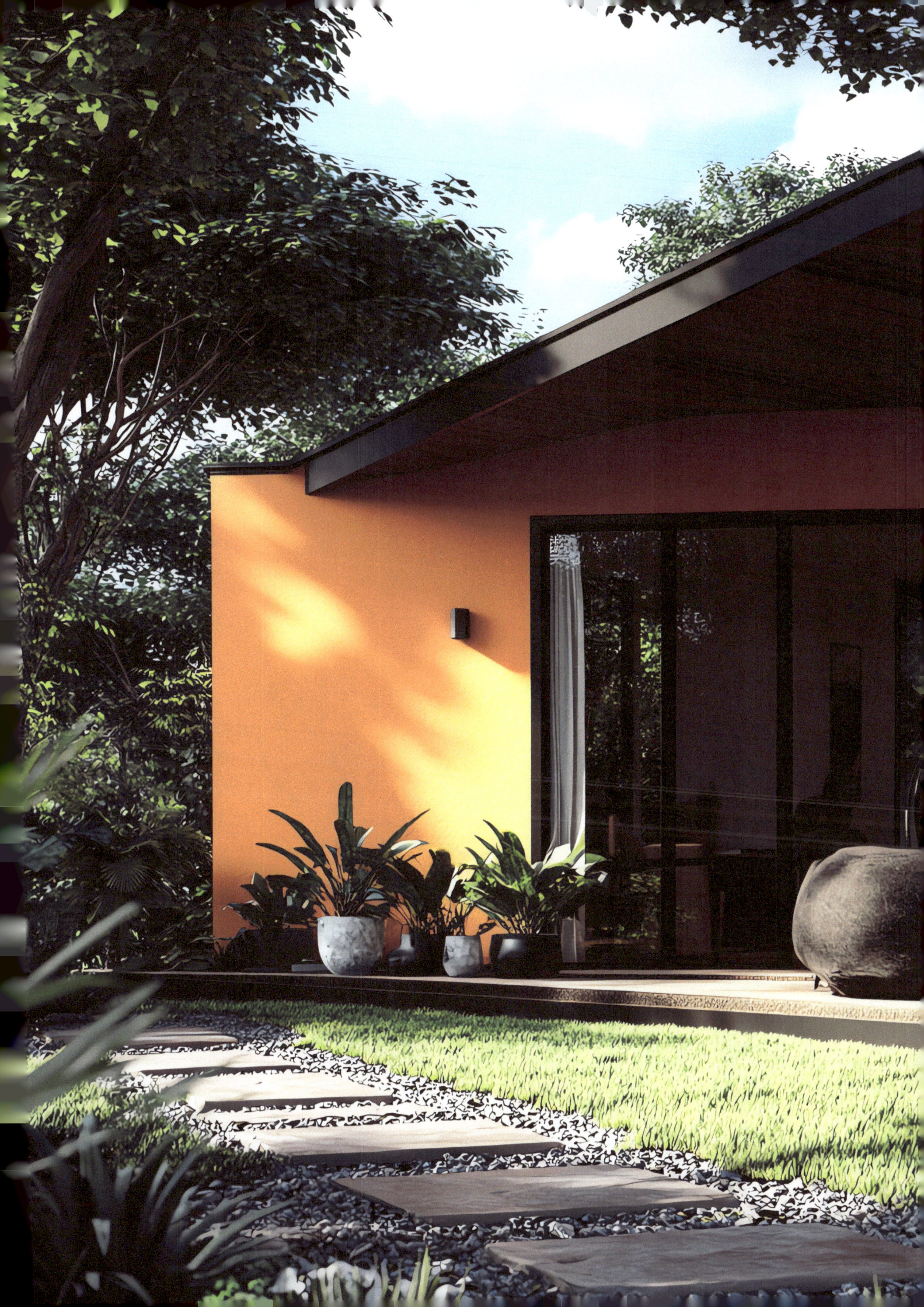

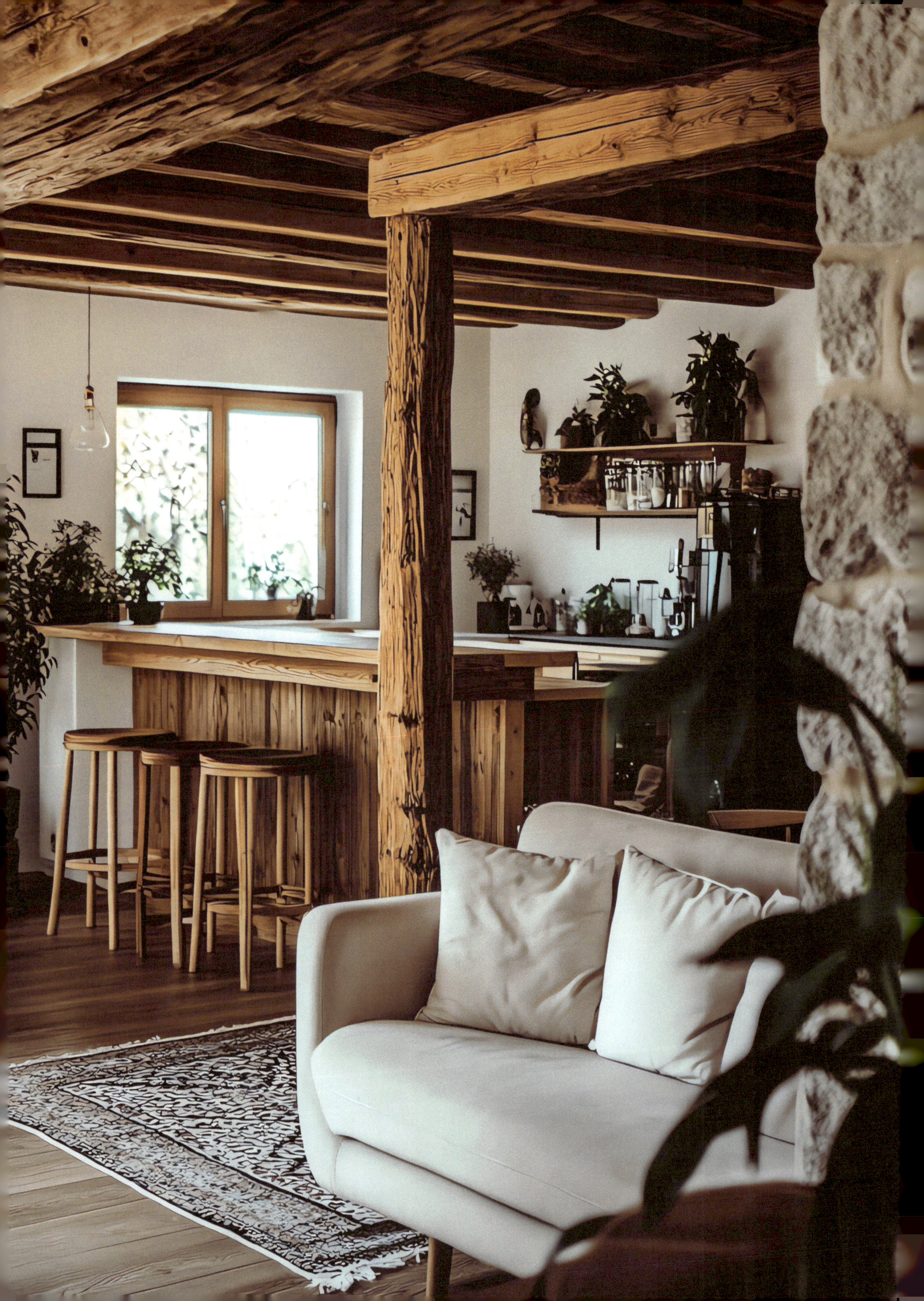

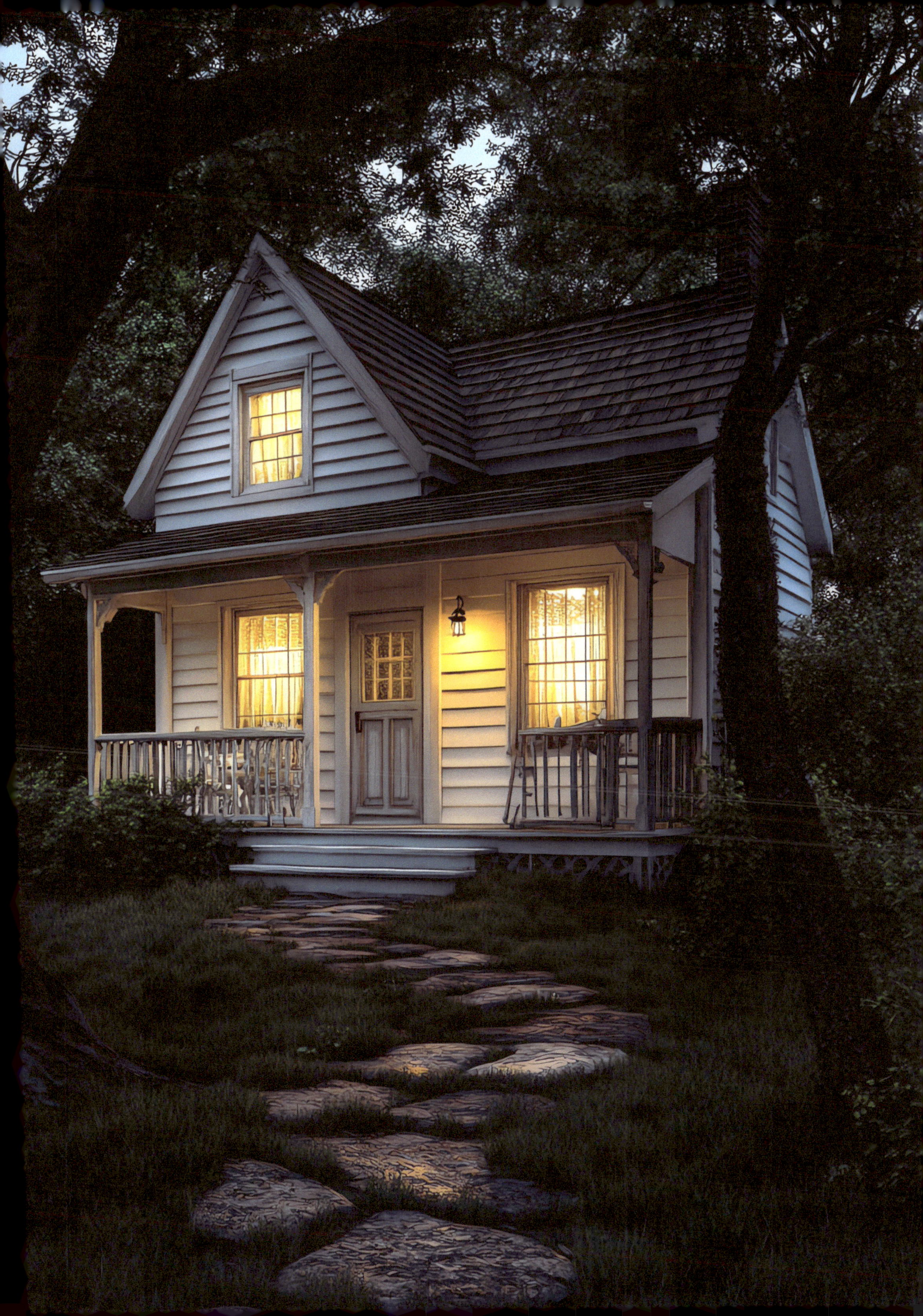

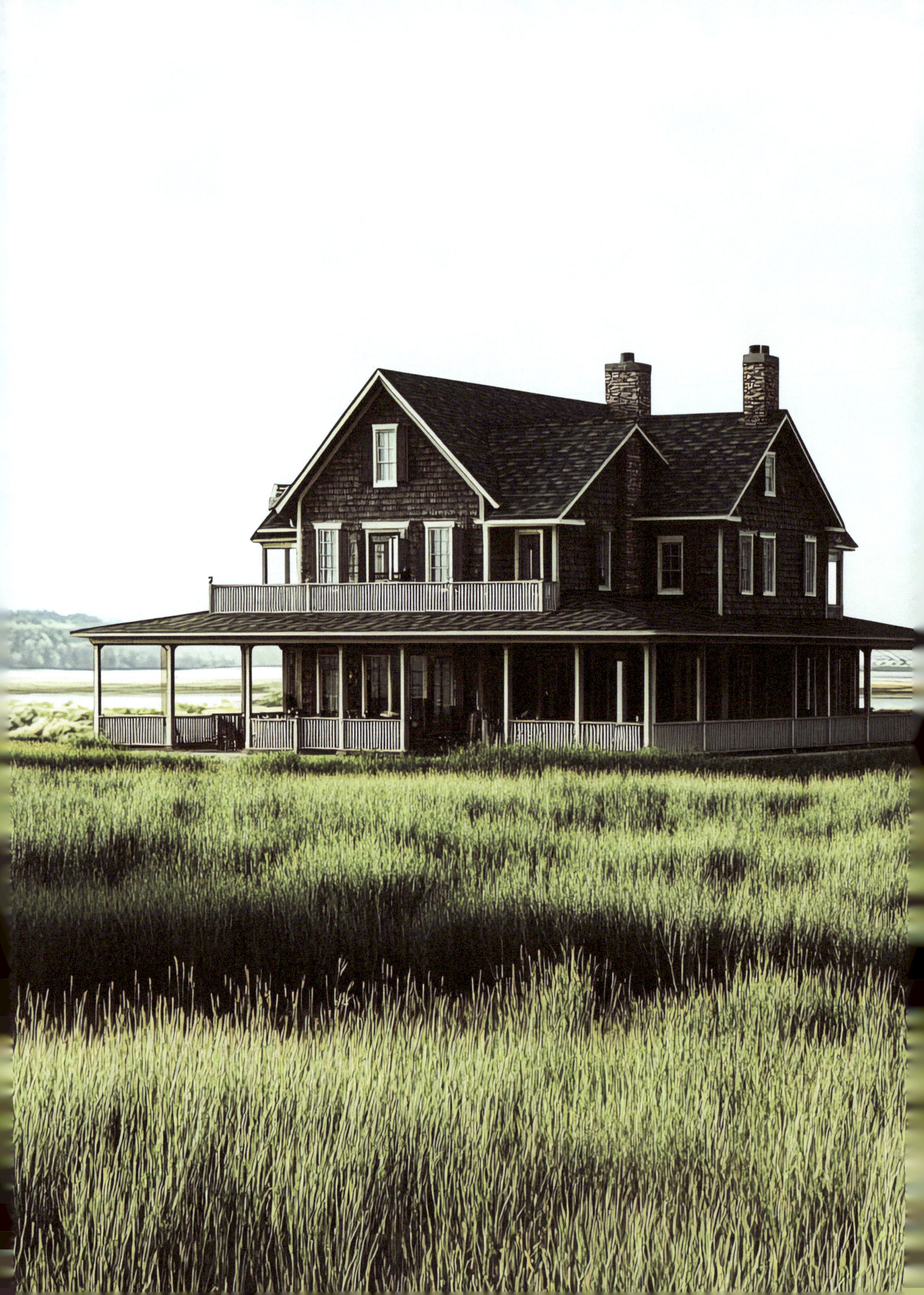

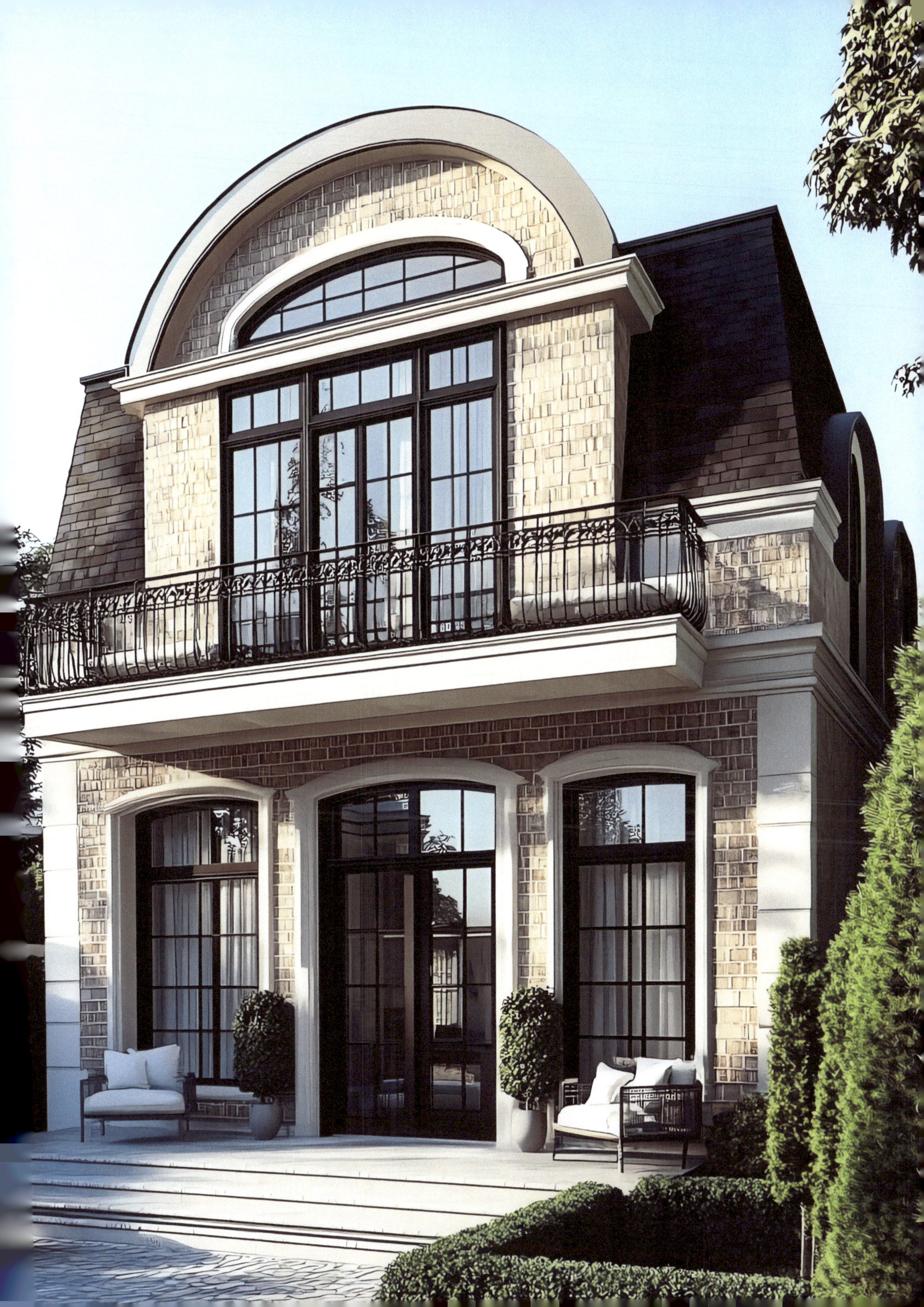

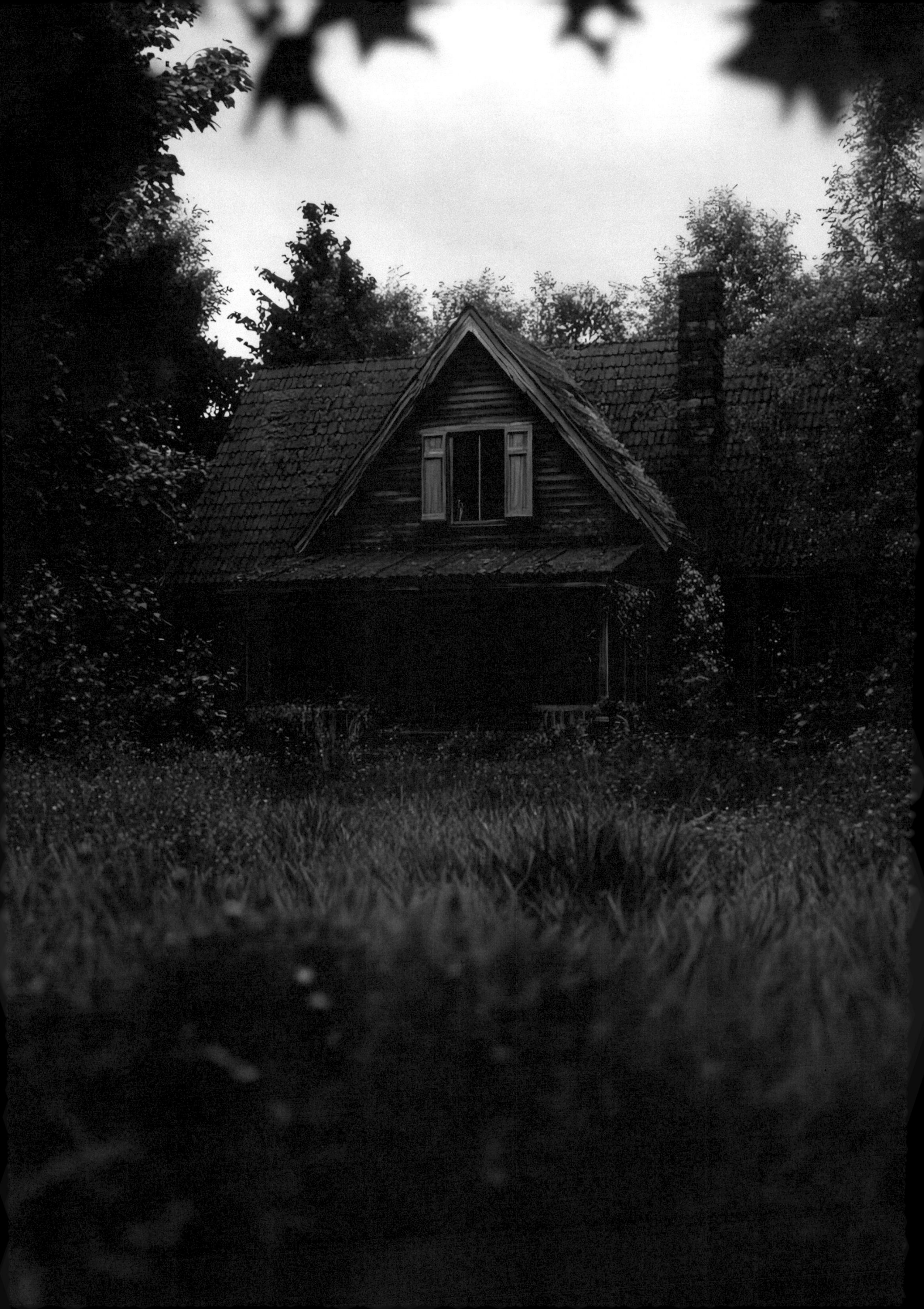

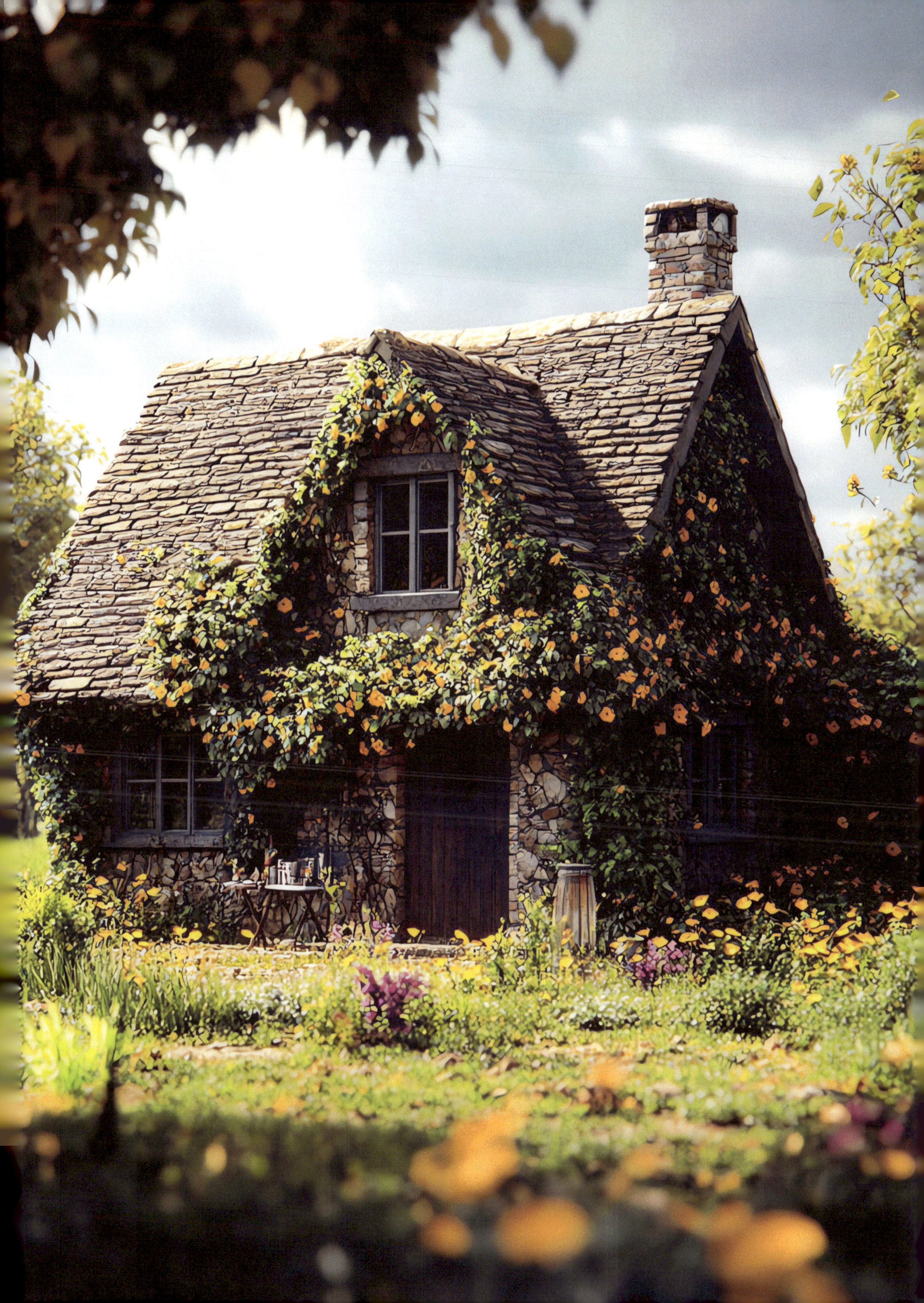

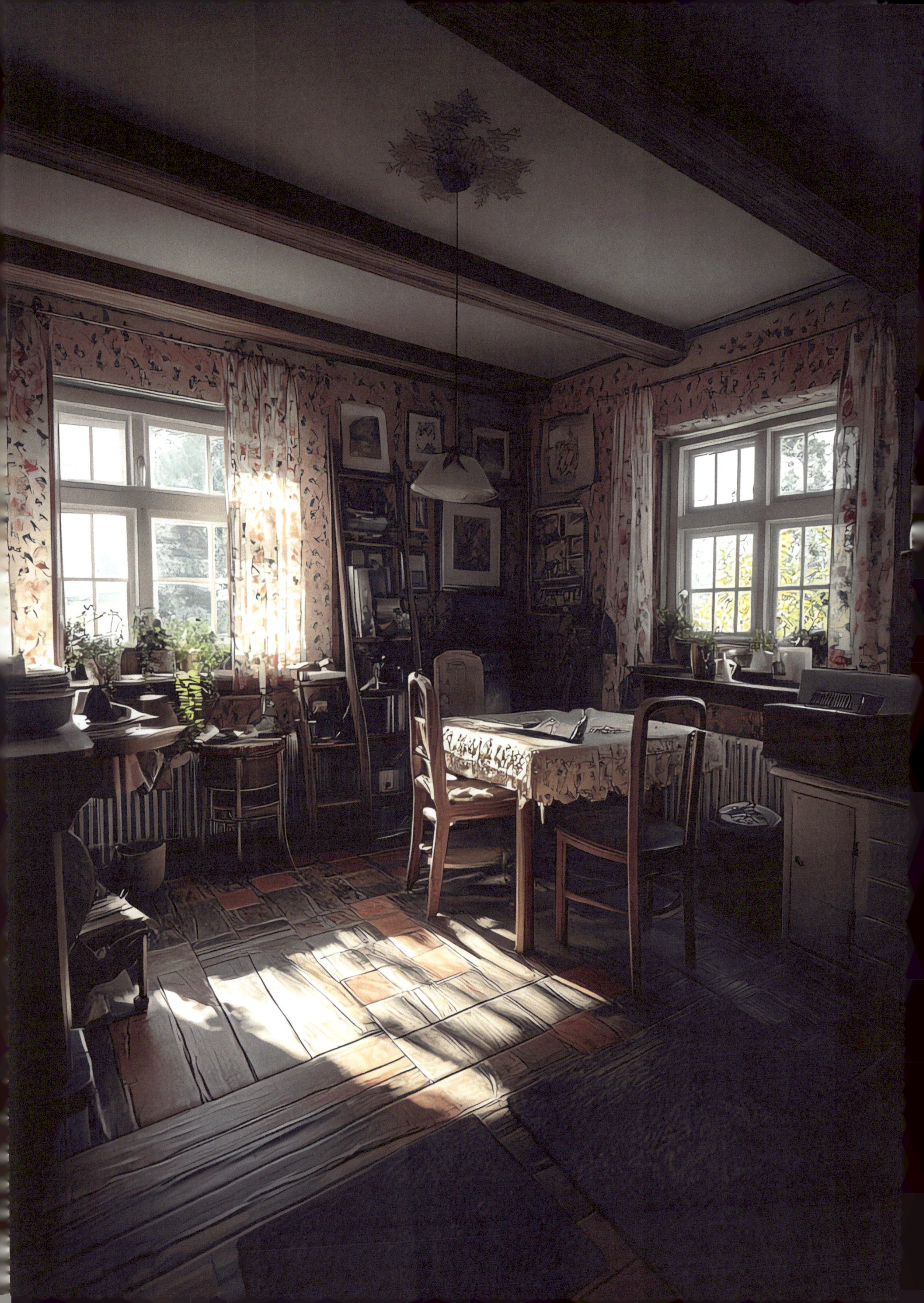

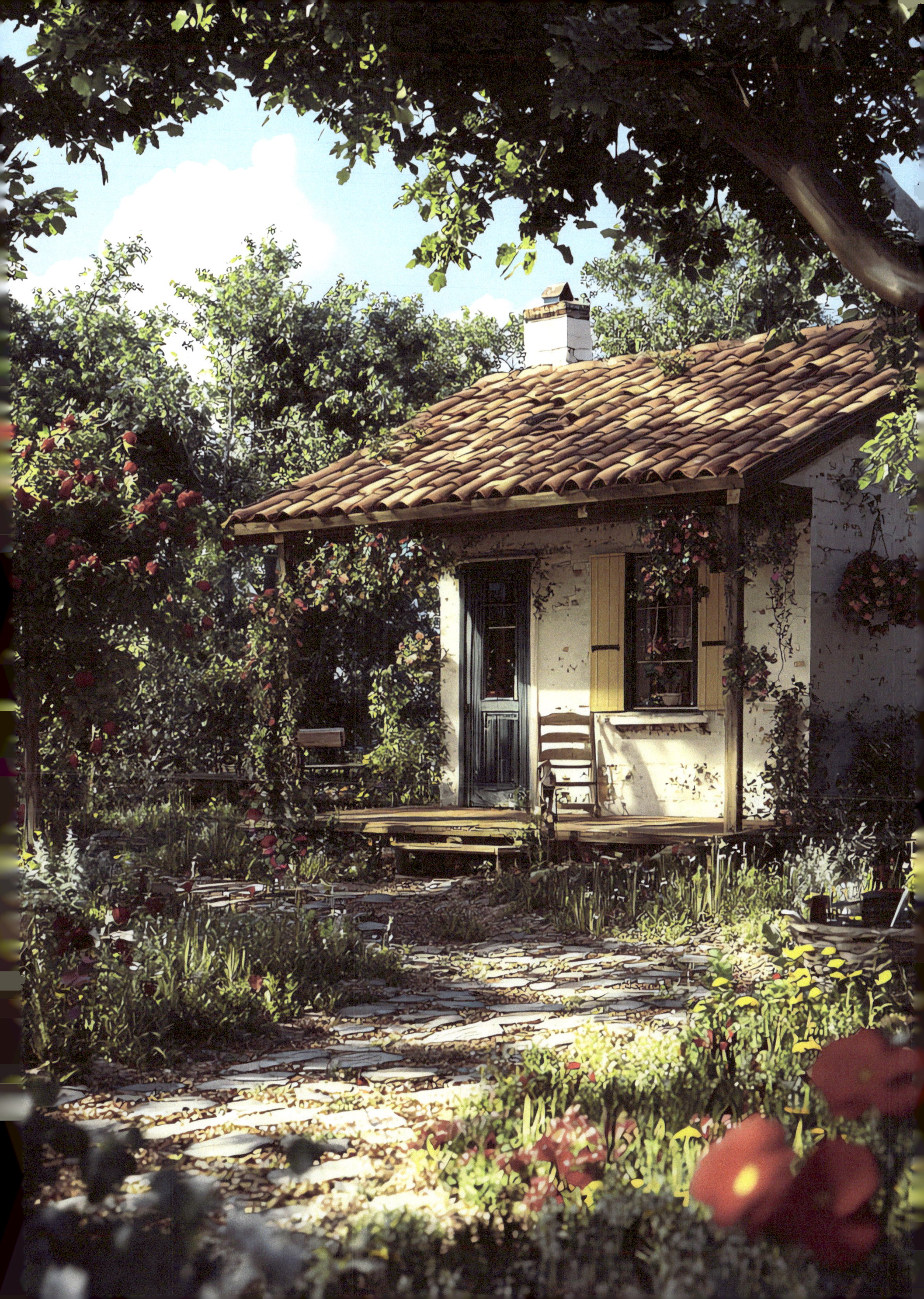

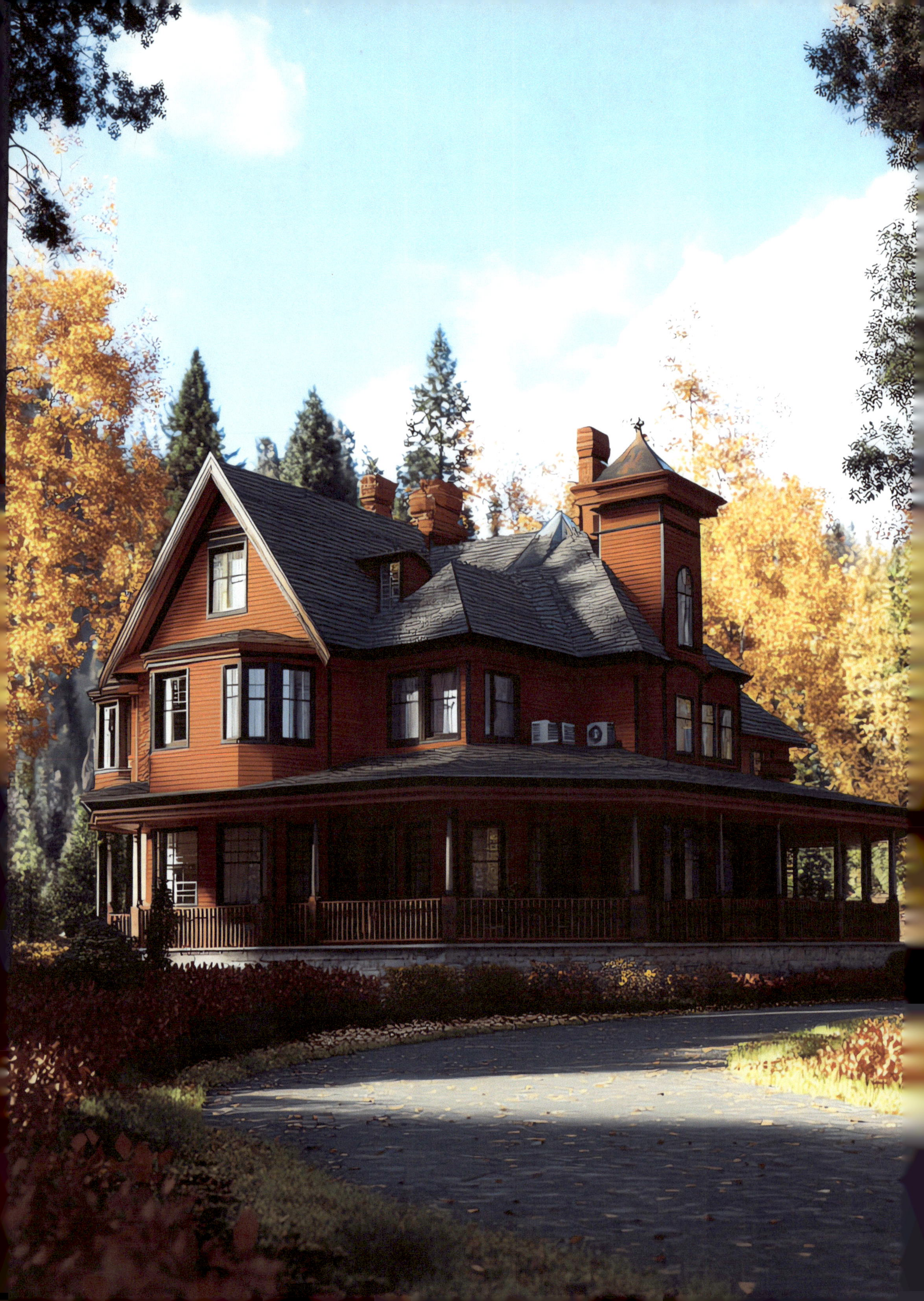

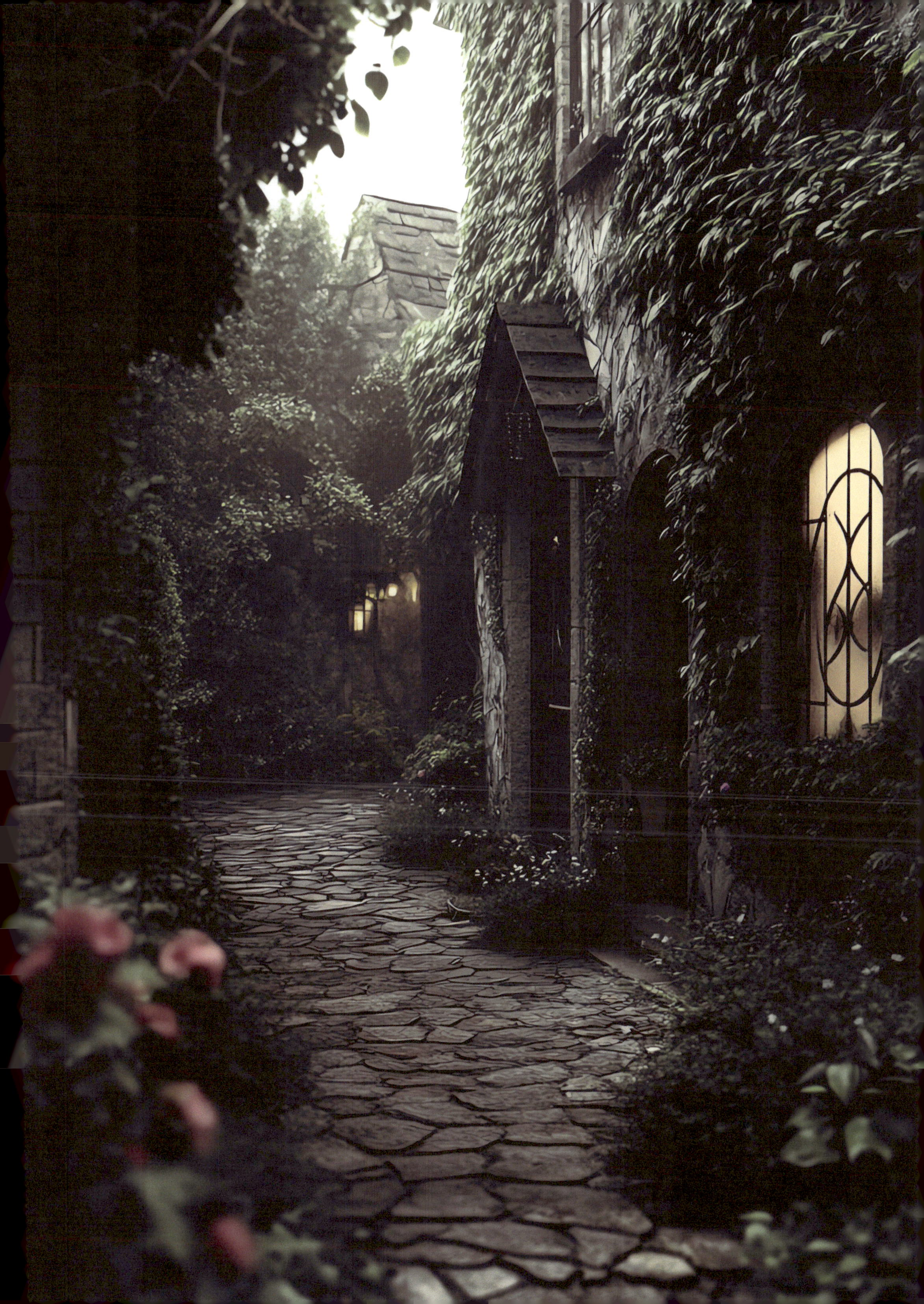

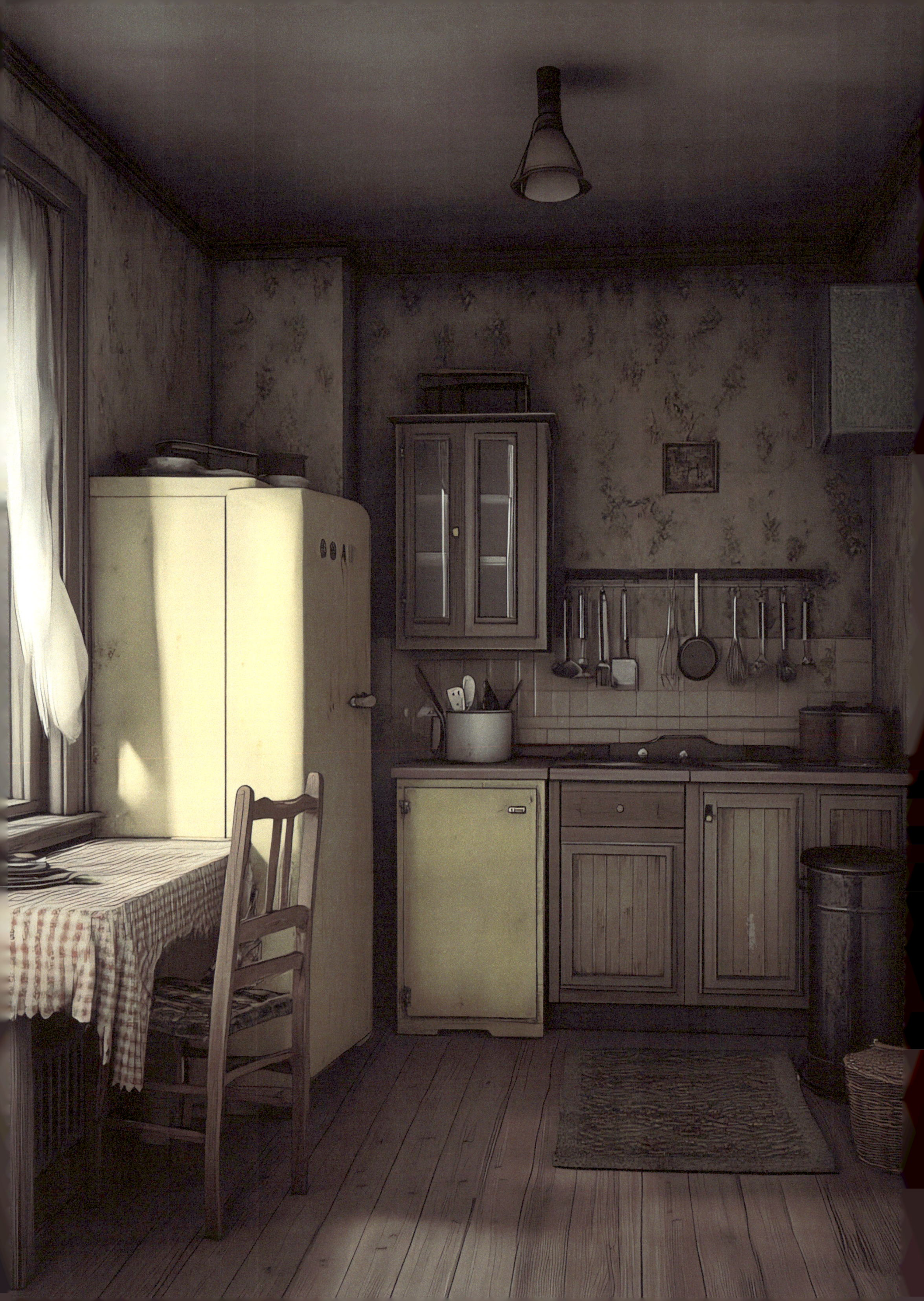

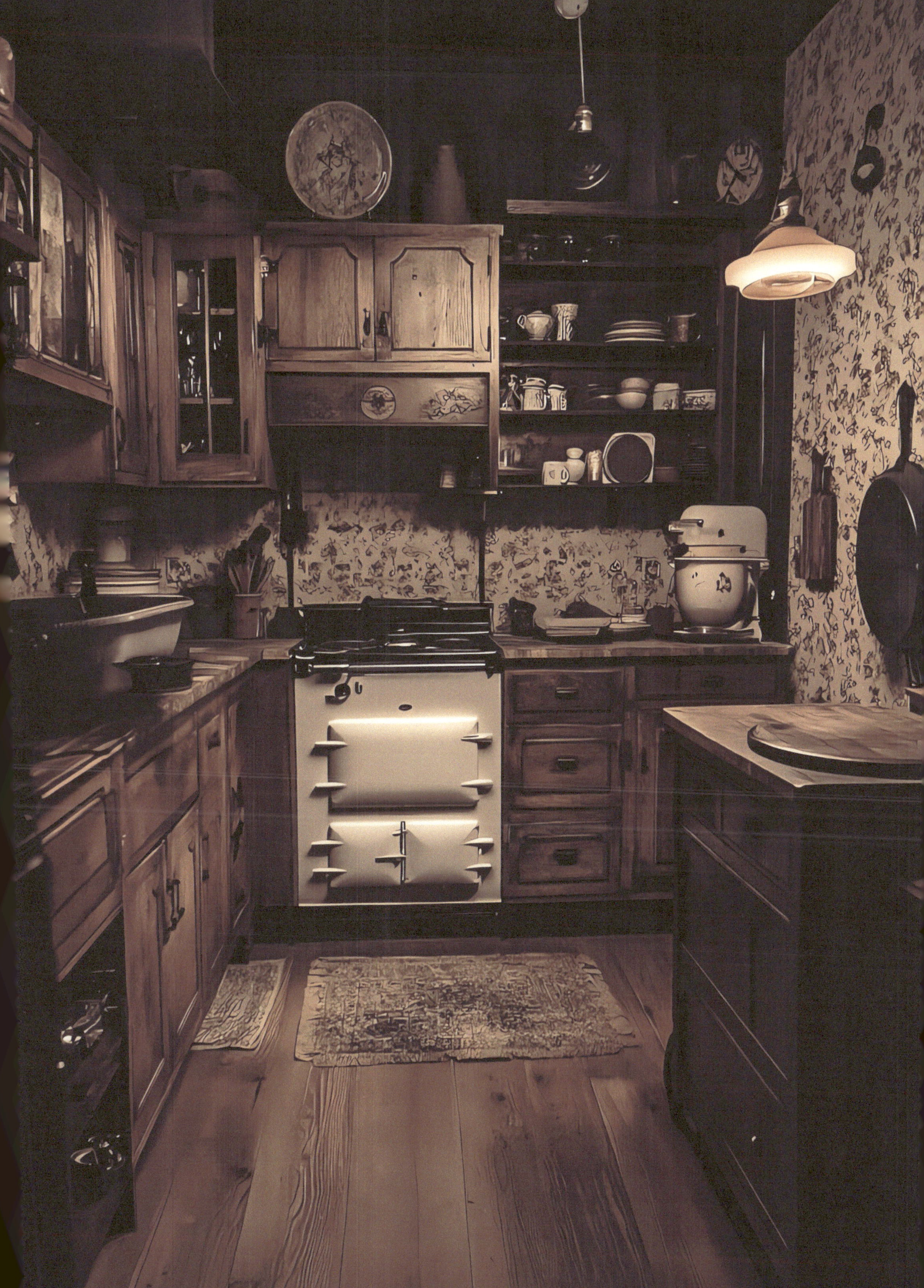

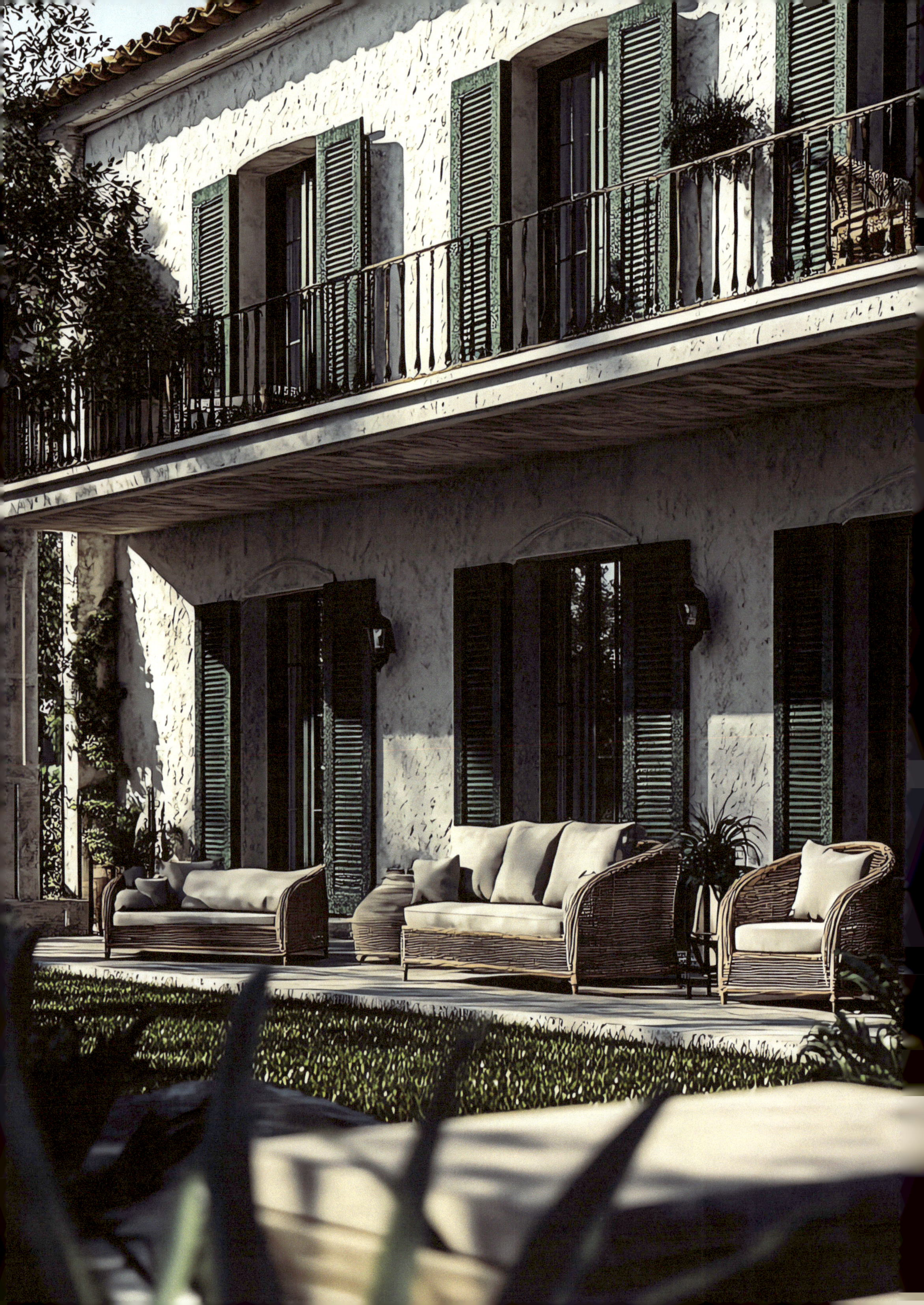

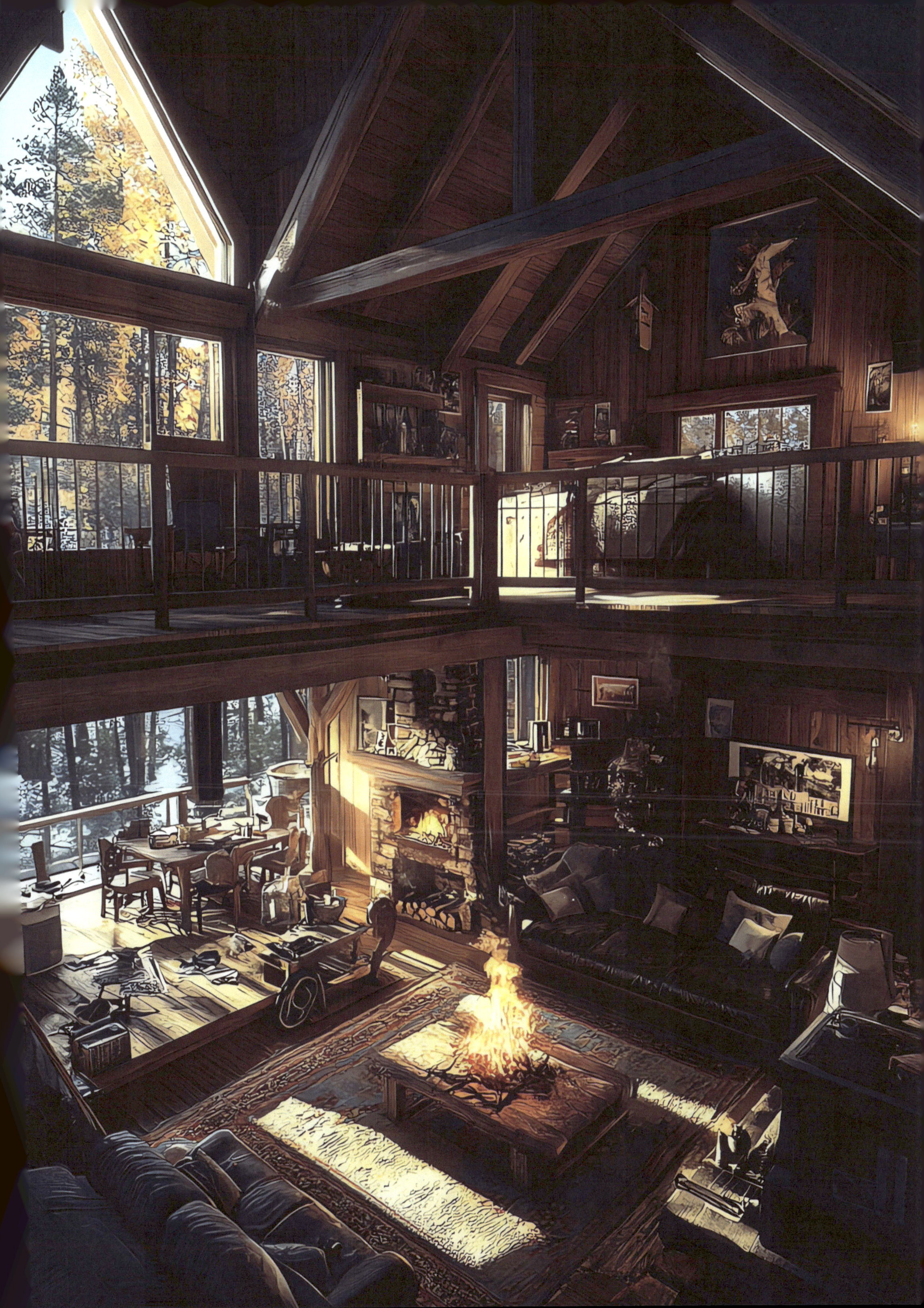

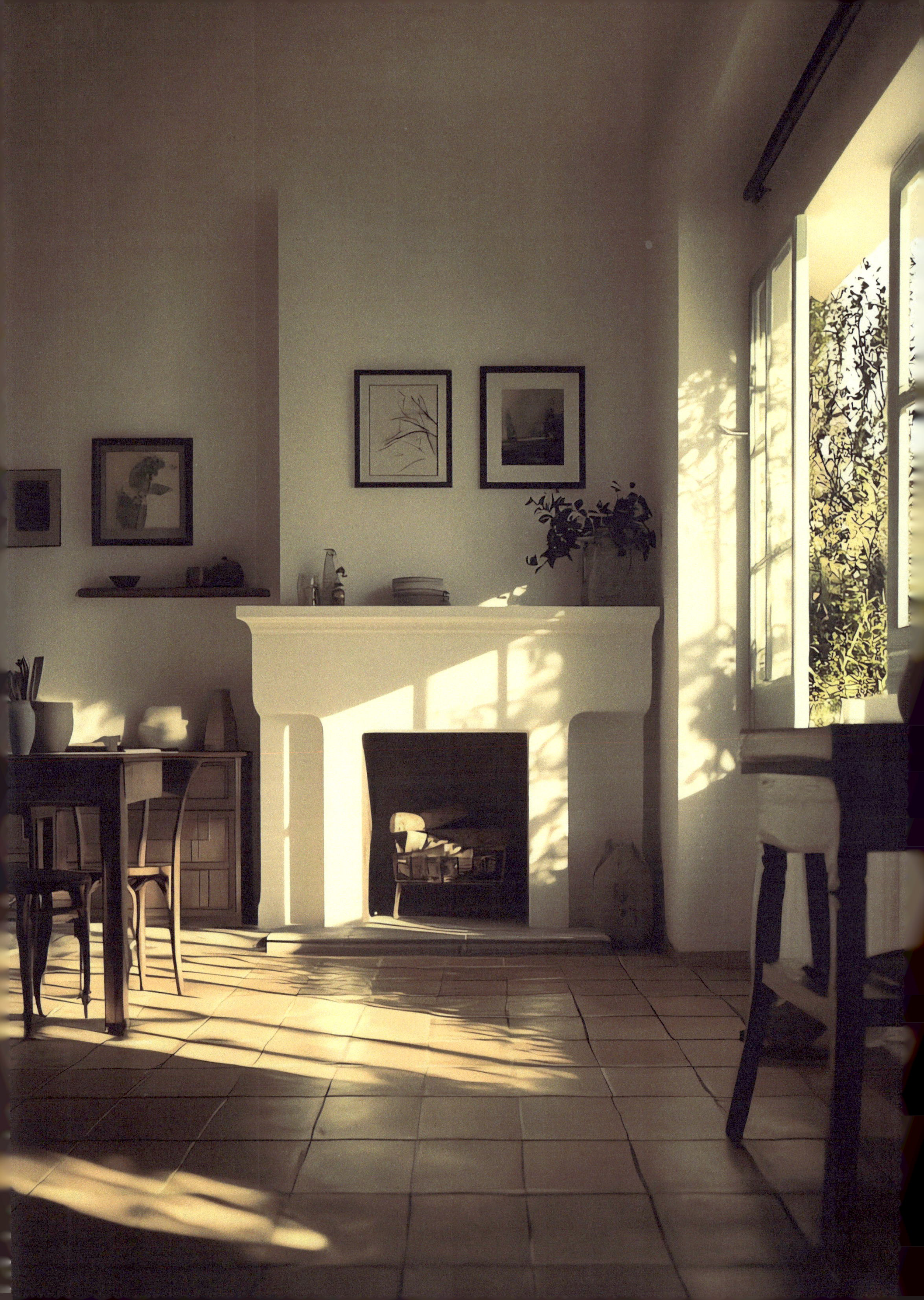

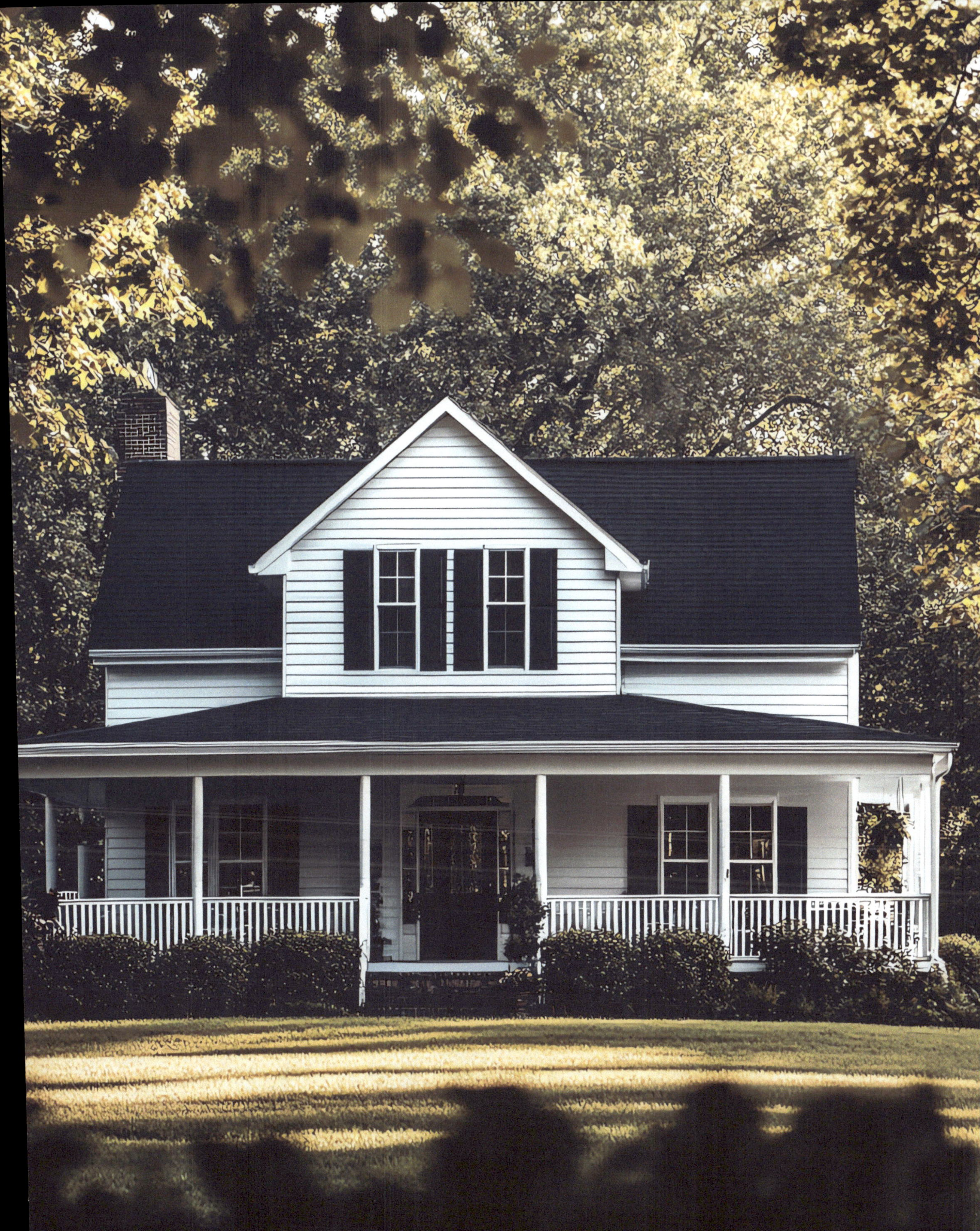

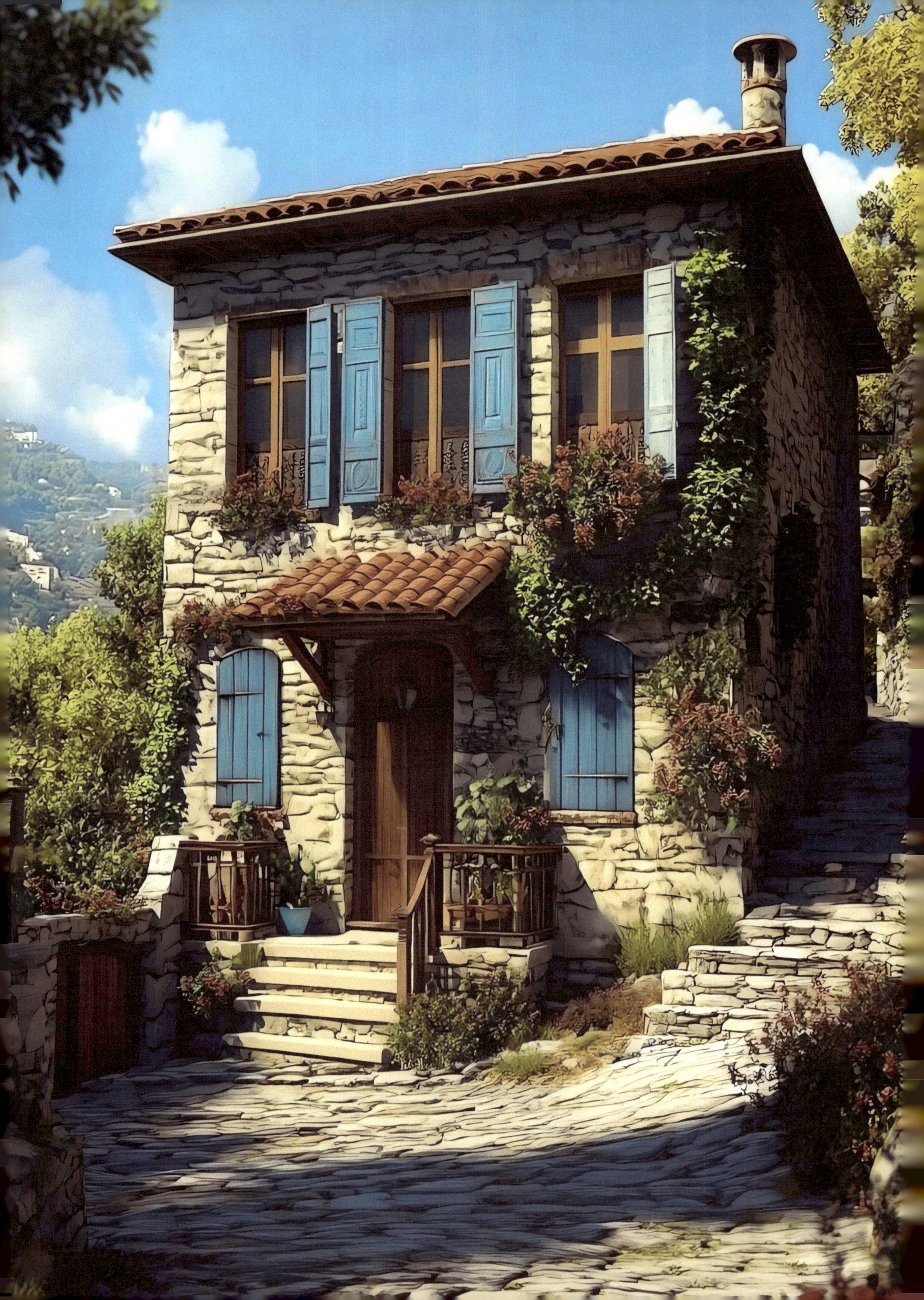

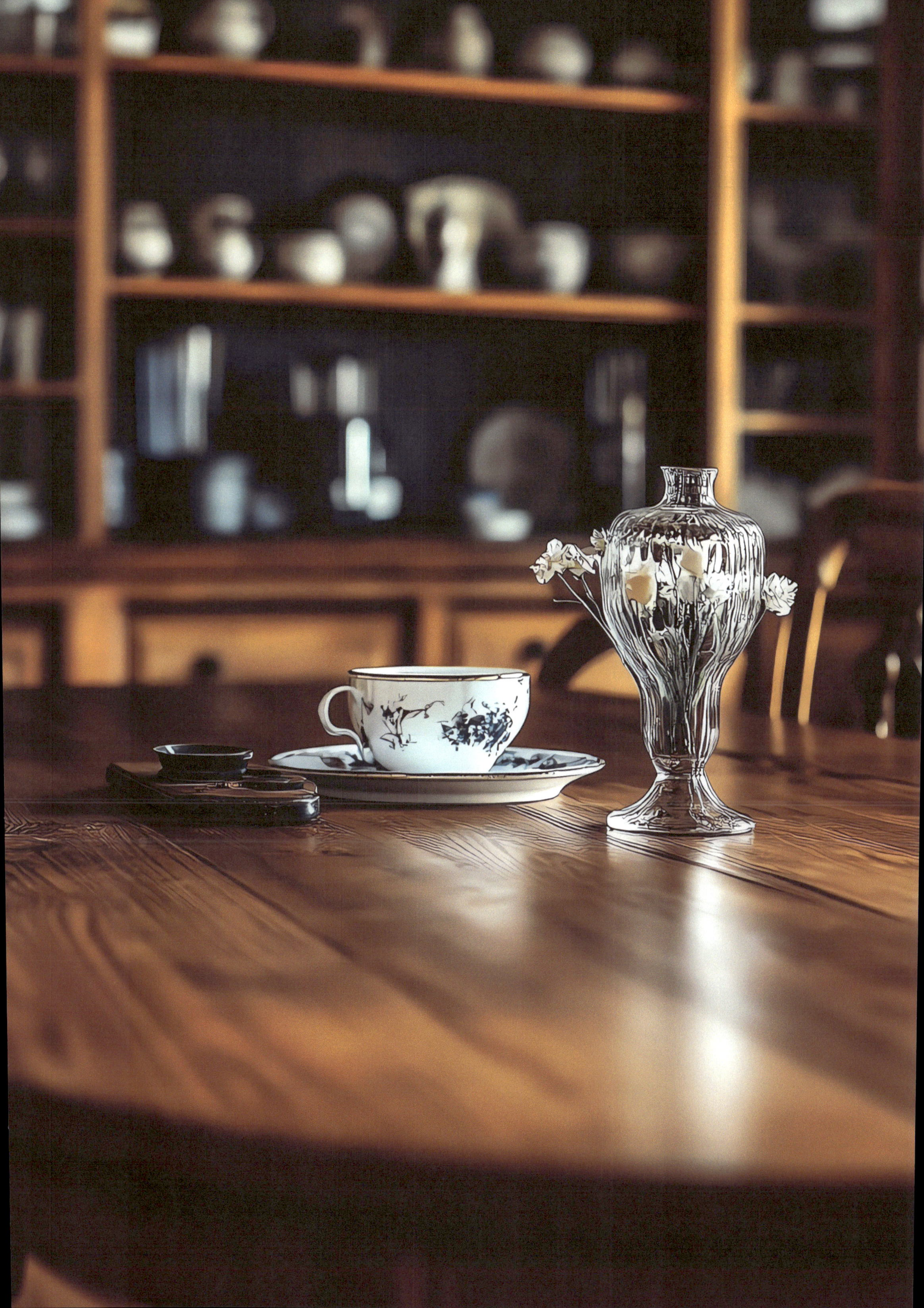

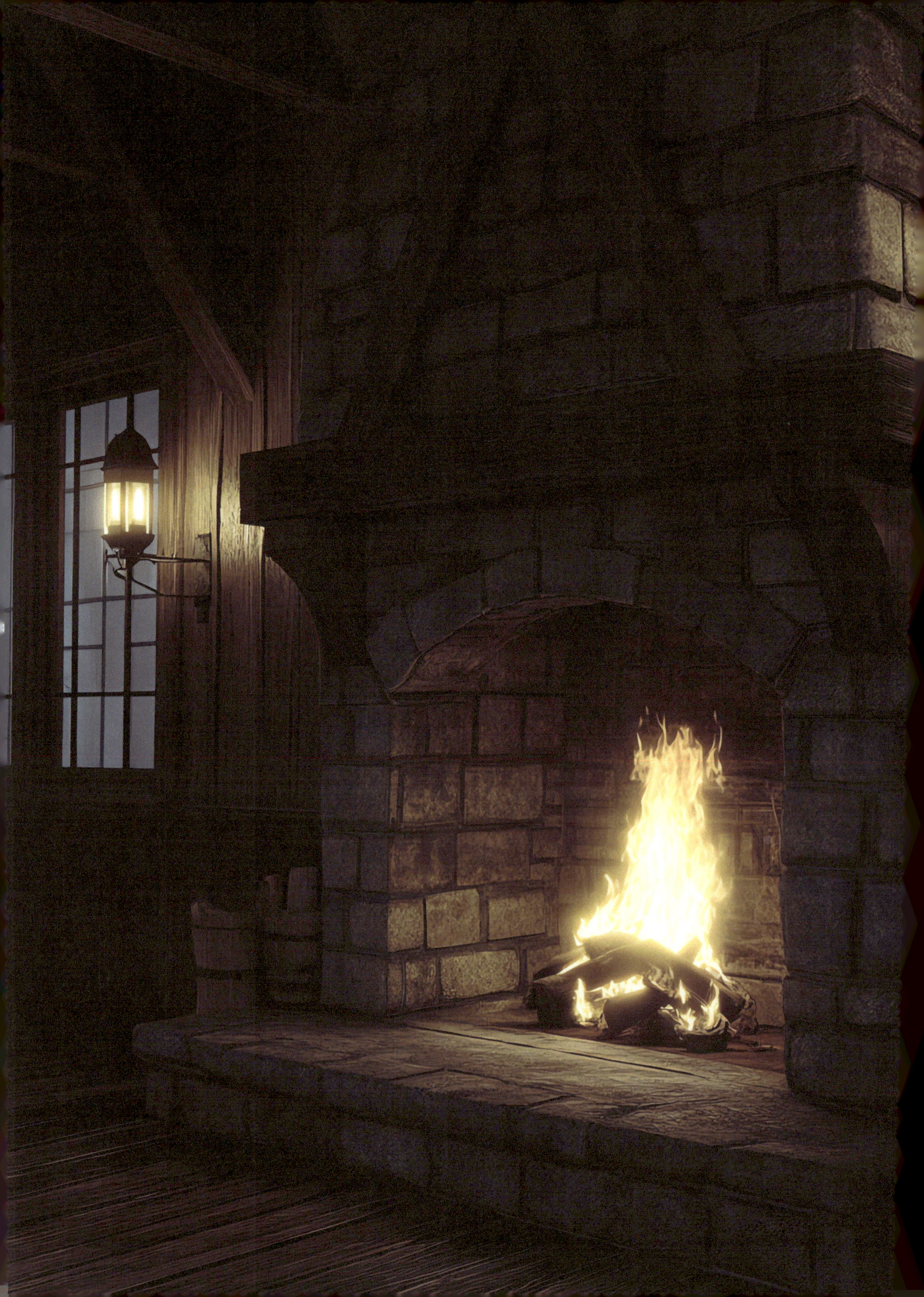

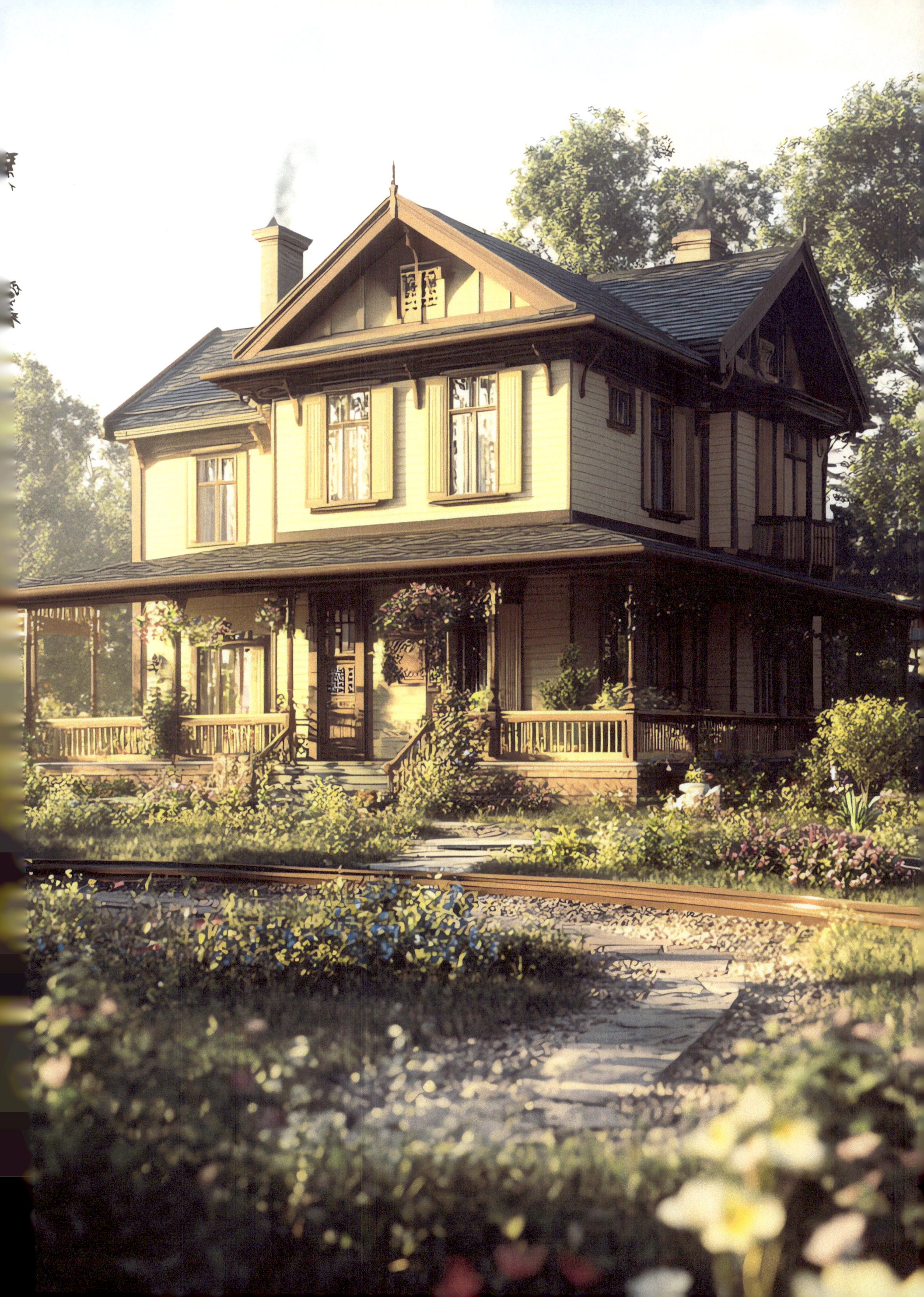

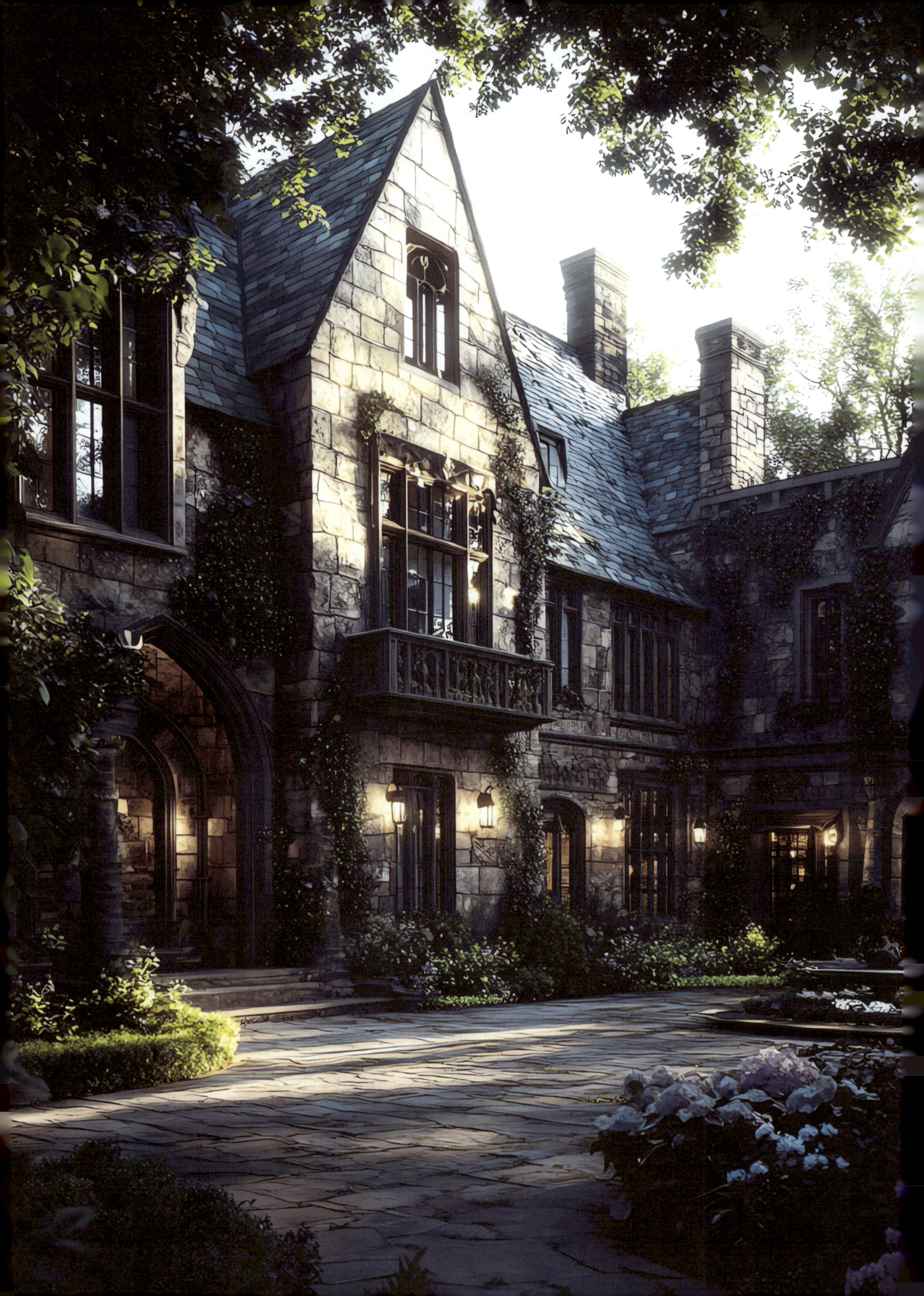